発達障害&グレーゾーンの子の「できた!」がふえる

おうち学習サポート大全

達障害専門
らぼし学舎代表
理師
希恵

主婦の友社

はじめに

私は、広島市で不登校・発達障害の子どもたちの学習指導・カウンセリングをしています。

公認心理師という国家資格をもち、不登校・発達障害のお子さんのいる保護者に心理療法を基盤としたカウンセリングを行ったり、オンラインでお母さん向けの心理学講座を主宰したりもしています。また、短大や看護学校で、講師として心理学の授業も行っています。

▼要望に応えていたら発達障害専門の学習指導者に

発達障害のある子どもたちとの出会いは、前職のカウンセリングルームが主催するフリースクールでした。フリースクールとは、不登校の子どもに対し、学習活動、教育相談、体験活動などを行っている民間の施設のことです。

当時（２０００年頃）、発達障害は今ほどメジャーではありませんでした。「育てにくい子」とか「指示が通らない子」といわれる子どもたちが、そこにはたくさんいました。

ずっとおしゃべりする子、全然しゃべらない子、ずっと動いている子、全然動かない子、気を使う子、気を使われているのに気づかない子。みんなバラバラ、育ちも境遇も全然違います。どの子も話をするたびに新たな発見があり、おもしろいなぁと思いながら接していました。

カウンセリングルームと並行して、20歳から始めた家庭教師を続けていたところ、発達障害と呼ばれる子どもたちのサポートがいつの間にか口コミでふえ、そちらの仕事がメインになりました。看板に「不登校・発達障害専門の学習指導」と据えたのは2016年のことです。

▼1対1のやりとりで「こうしたらうまくいく」を探す

発達障害のある子どもたちは、常識では「え?」と思うようなことをよく言います。でも、話をよくよく聞くと、その子なりの道理があり、納得できるのです。

そういう子どもたちの話はじっくり聞く必要があり、実際のところ学校のクラスのような「先生1:生徒大勢」のスタイルでは対応が難しいと感じています。保護者のかたも「うちの子には一斉授業が合わないなと思って」とのことで、私のところにたどり着く場合がほとんどです。

1対1でじっくり向き合いながら、その子にとって最適な環境を探っていくと、「こうしたらうまくいく」がだんだんと見えてきます。

私ひとりで教室を運営しているので、関われる人数には限界がありますが、ほとんどの生徒が5年以上通い続けています。小学校低学年から専門学校を卒業するまで来る子もいれば、中学1年生から通い続けて、社会人になった今は自分でカウンセリングを予約して、支払いまでしていく子もいます。どの子もじっくり時間をかけて、自分なりの「こうしたらうまくいく」を見つけていきます。

発達障害のある子は、興味のあり・なしで、やる気にムラがあります。「やらなければならないこと」に興味をもち続けるのが難しいのです。勉強はその代表的なものです。本人も「勉強はできたほうがいい」と思っているのに、なかなか宿題に取りかかれない、集中して取り組めない、なかなか終わらない……。

この本の前半では、私がこれまで20年以上行ってきた子どもとの関わり方をお伝えしながら、おうちで勉強をするときの学習サポートのコツをお伝えします。保護者の皆さんも、子どもの学習サポートをしながら最適な環境を探るうちに、「こうしたらうまくいく」が見えてくるといいなぁと考えています。

対象は発達障害のある子、診断はされていないものの学習に何かしらの困難を抱えているグレーゾーンの子、それからいわゆる定型発達と呼ばれる子まで含みます。なぜなら、私自身が発達障害のあり・なしで対応を変えていないからです。

年齢は小学1年生から6年生をイメージしていますが、幼児にも中学生、高校生、大学生にも、もちろん大人にも役立つ考え方や方法ばかりです。生きていくうえで知っておいたほうがいい考え方やコツをぎゅっと詰め込みました。

▼発達障害のある子どもを育てる人たちの不安

保護者の皆さんは、勉強がある程度できないと、将来困ることを知っています。ですから、「好きなことをやっていればいい」「やりたいことだけやればいい」という最近の風潮にある程度同意しながらも、「それでも最低限の勉強はできないとね」と思っているのではないでしょうか。そして、「やらないといけないから」だけではがんばることが難しいわが子を見て、将来を案じているのではないでしょうか。

皆さん、社会に子どもを送り出すにはどうしたらいいか、ものすごく考えていらっしゃいます。子どもより先に自分がこの世からいなくなってしまうのだから、子どもがひとりで生きていく力をつけるために今できることは何か、真剣に考えていらっしゃいます。

そこで、努力することに向いていないように見えるわが子を見て、不安に駆られるわけです。そして、「なんとかしなければ」と焦ります。「社会で生きていけるように育てないと」とじわじわ追い詰められます。

私の教室に通う子どもたちの保護者のかたから「何歳まで見てもらえますか？」とよく聞かれますが、私は「本人が望むのなら何歳まででも」と答えています。「親である私の相談だけでも継続したい」と言われることもあります。

▼周りに相談できる人がいないあなたへ

私は子どもへのサポートと同じくらい、保護者へのサポートを大切にしています。保護者の皆さんは、誰にでも相談できるわけではありません。相談したところでわかってもらえなかったり、中途半端な知識でアドバイスされてつらかったり、なぐさめられても逆にこたえたり。何より、「先がなかなか見えない……」という状態にあって苦しんでいることが多いからです。

たとえ保護者であっても、子どものことが全然わからない、どう対応したらいいかわからないことって、本当にたくさんあるんですよね。

現代は社会が複雑化し、幸せに生きていくためにはどうすればいいかを誰もが模索している時代です。生き方の見本がなくなって個人の責任が大きくなり、人生の舵《かじ》取りはますます難しくなってきています。そのため、発達障害のある子どもを育てるのは、不安が増してもしかたない状況です。

発達障害のある子が、社会で「やらなければならないこと」に自分なりに向き合い、自立して生きていくために、周りの大人はどういうサポートができるのか。この本の後半では、そういった話題にも触れています。

気軽に友達に相談するのも難しい。かといって、頼れる専門家が身近にいない。そんな保護者の皆さんが、この本を読んで「こういう考え方をすればいいのか！」と気持ちが軽くなったり、「うちの子だったらこんなアレンジができそう！」とアイデアが浮かんだりするといいなと思っています。

発達障害&グレーゾーンの子の「できた！」がふえる

おうち学習サポート大全

Contents

Chapter 3 学習サポートの基盤となる考え方

Chapter 4 宿題別 学習サポートのコツ

Chapter 5 長期休みの計画表づくりと学習サポート

Chapter 6 発達障害のある子が幸せに生きていくために

この本における発達障害の定義について

日本における「発達障害」は、「自閉症、アスペルガー症候群その他の広汎性発達障害、学習障害、注意欠陥多動性障害、その他これに類する脳機能の障害であってその症状が通常低年齢において発現するもの」と発達障害者支援法で定義されています。

アメリカ精神医学会が作成する精神疾患診断・統計マニュアル（DSM-5）では、「神経発達症群／神経発達障害群」の区分の中に、自閉スペクトラム症／自閉症スペクトラム障害、注意欠如・多動症／注意欠如・多動性障害、限局性学習症 / 限局性学習障害、その他４つの疾患が分類されています。

この本では、主に発達障害と示すとき、医師から診断されたものとしてDSM-5の「自閉スペクトラム症」「注意欠如・多動症」「限局性学習症」(症と障害の表すものは同じ）とします。発達障害という疾患名はなく、便宜上これらの疾患を総称するものとして使用します。また、グレーゾーンという表記は、それぞれの疾患としての診断基準に届かないものの、一部または重複して同様の症状を示している場合のことを指します。本文中の「発達障害のある」という表記は、「学習を行うのに何かしらの困難を伴う」ことを指しており、広義としてグレーゾーンなど、学習になんらかの困難を持っている子どもも含むこととします。

怒りっぽい、人の立場になって考えられない、衝動性が高くて自分を抑えられない、判断することに時間がかかる、不注意が多いなどの症状は、社会にうまく適応できない状況でも出やすくなりますし、脳機能に由来することもあります。気になる場合は、専門医を訪ねてみてください。

Chapter 1

発達障害のある子どもにとって勉強とは？

興味のあり・なしで、
やる気にムラがある発達障害のある子にとって、
勉強や宿題に取り組むのは
簡単なことではありません。
このChapterでは、
発達障害のある子が勉強に取り組む意義、
家庭で学習サポートをするときに
どういう心構えをもっておくといいかなど、
発達障害のある子との勉強への向き合い方の
ヒントをお伝えします。

誰もが何かしらの「難しさ」をもっている

人間は発達障害のあり・なしで2つにはっきり分かれているわけではなく、実際はグラデーションになっています。発達障害というのは、そのグラデーションに一定以上の濃さや偏りがあることによって、現代社会とズレが生じちゃうよね、本人が難しさを感じちゃうよね、と基準に照らし合わせて医師が認めたもの。私はそう思っています。

個々人の特性がいちばん出やすいのが五感（視覚、聴覚、嗅覚、味覚、触覚）です。スマートフォンを出して、自分にとってちょうどいい照度に設定してみてください。そして、隣にいる人や家族にも同じように設定してもらいます。すると、あなたにとって適切な照度と、ほかの人にとって適切な照度は違うとわかるはずです。

また、「聞く、読む、見る、さわる、実際にやってみる」というインプットの仕方や、「自分の意見を言う、書く、まとめる、人に伝える」というアウトプットの仕方の中に、誰もが何かしら苦手なことがあるはずです。そして、「どれくらい苦手なのか」は人によってグラデーションがあります。

ほとんどの人が、それを「苦手だけどしかたない」と思いながらやっています。そして、どうしても苦手でできないことはやらなかったり、ほかのことで補ったりしているのではないでしょうか。

発達障害によって生じる「難しさ」と同じ要素をまったくもっていない人はいません。生活する中で、その「難しさ」がどれくらい出やすいか、それによって困っているかどうかが指標になります。それが、個人による「違い」です。それを「特性」といったり、「個性」といったり、「偏り」などといったりします。

そのため、私は発達障害のあり・なしではなく、その「違い」をどれくらいもっているかという観点から、目の前にいる子どもたちを見ています。

同じ診断名でも、その子のもつ難しさや得意なところ、課題は違います。年齢や生活環境によっても、取り組む課題は変わってきます。どんな子どもと接するときでも、あらゆるフィルターを取り払って、「この子には、どんなサポートが適しているだろう」と考えながら、一人ひとりとしっかり向き合う姿勢を大切にしています。

そもそも子どもへの伝え方・教え方が雑すぎる

私の教室に来ている子どもたちの中には、発達障害と診断された子もいれば、診断されてはいないけれど学習の難しさを抱えている子（いわゆるグレーゾーンと呼ばれる子）もいます。通常学級に在籍している子もいれば、特別支援学級に在籍している子もいます。

どの子に対しても、学習サポートをするときの姿勢は基本的に一緒です。**発達障害のある子がわかる・できる方法をとっていれば、どんな子どもにとってもわかりやすく、快適であると考えているからです。**

ここ10年くらいで、発達障害のある子どもたちへの伝え方・教え方は、具体的でわかりやすく、その子に合っていることが大切だといわれるようになりました。

しかし私は、発達障害のあり・なしにかかわらず、どの子どもに対してもわかりやすく、その子に合った伝え方・教え方をする必要があると思っています。むしろ、**今**

まで学校や家庭でされていた子どもへの伝え方・教え方のほとんどが、非常に不親切でわかりにくいものだったといえるのではないでしょうか。

発達障害のある子どものいる保護者は、「私は子どもに手をかけすぎなのではないか」と不安になったり、何度伝えてもできない子どもに対して、「このくらい誰だってできるはずなのに、こんなことまで教えないといけないなんて」と残念に思ったりすることがあると思います。

しかし、今までの教え方や伝え方が基準になっているからそう思うのであって、**むしろ定型発達の子どもたちを、不親切で雑に育てすぎているのではないかと思います。**

どの子どもに対しても、もっとわかりやすい形で伝えることができていれば、しなくてもいい失敗や間違いを避けられたのではないか、その子が自分にがっかりする回数も少なくてすんだのではないか、とも思うのです。

発達障害があっても勉強したほうがいい理由

社会が整っていけばいくほど、自分で決めることがふえていきます。

江戸時代だったら、「将来どんな仕事につくか」なんて考える必要はなかったでしょう。明治・大正・昭和時代であれば、幸せの形がある程度決まっていて、進学する、働く、結婚する、勤め上げるなど、「これをやり切れば幸せ」という見本がありました。そして、会社や家庭は「ここにいれば大人として認められている」「ここにいればひとりじゃない。大丈夫」と思える場所という社会通念がありました。

しかし、平成時代を経て令和時代に入り、自分の幸せを成就させるためには、かなりがんばらなくてはいけなくなりました。

今の子どもたちには、「自分の幸せは自分でつくり、やりたいことをやれる経済力をもちながら、社会に貢献して認められる」という使命が課せられているように感じます。しかも、そこに至るまでのプロセスをすべて自分で決め、さらにはその判断が正しくなければいけないのです。けっこう過酷な時代です。

「やりたいことができる時代」といえば聞こえはいいですが、「努力しないと全部うまくいかなくてもしかたない」、むしろ「うまくいかないのは努力が足りないせいだ」といわれる時代です。

そんな社会で成長していく子どもたちにとって、「勉強ができる」ことは自己肯定感に深く関係していると感じます。

「勉強なんてできなくていい」と本気で思っている子どもはいません。それは、発達障害のある子どもたちも、不登校の子どもたちも、授業中に問題行動ばかりしている子どもたちも同じです。

ただ、「自分はバカだから」「勉強に向いていないから」いまさら勉強をしてもどうにもならない、と言っている子どもはたくさんいます。私は社会に属する大人の一人として、子どもたちがそんなふうに諦めてしまう環境をなんとかして変えたいと思っています。

勉強を通じて自分の取り扱い方を知ることができる

今、多くの大人たちが自分の取扱説明書をつくりたがっています。不確定な時代を生き抜くために、大人も迷い、戸惑っているのでしょう。

自分にはどんな強みがあるんだろう。自分の持ち味はなんだろう。自分の傾向を知りたい……。占いやクイズのような心理テスト、何百という質問に答えてデータ解析をしてもらうもの、遺伝子解析など、簡単なものから大がかりなものまで、「自分を知りたい」という欲求に応える自己分析ツールはたくさんあります。

同じように、**勉強は子どもにとって自分の特徴をつかんでいくための自己分析ツールのようなものだと捉えることもできます。形を変えながら一生関わっていく「勉強」を通じて、自分の取り扱い方を知っていく。**そう考えると、勉強の時間がちょっと違ったものに見えてくるのではないでしょうか。

しかし、「あなたはこういう人ですよ」というデータをいくら集めても、それらのデータを「どうすれば生かせるか」は、自分でやってみてうまくいくか・いかないかを検証しないとわかりません。

おうちは、安心安全な環境でいろいろな検証ができる場です。なぜなら失敗が許されやすいからです（学校もそうあってほしいですが、なかなか難しいのが現実です）。

保護者の元にいられる間に、たくさん試して、たくさん失敗して、「自分ってこういうところがあるんだな」「こうやるとうまくいくことが多いな」と、自分に合っている方法や環境、考え方のデータを手に入れることができる。それは、子どもの特権でもあります。

column 1

勉強が安心感につながることもある

通常のカウンセリングでは、悩んでいること、うまくいかないこと、困っていることについて話します。でも、初対面の人にいきなり困り事を話すのって難しくありませんか？　しかも子どもの場合、自分が困っていることを自覚していない場合もあります。言葉にして伝えたくても、言葉をうまく使えない、その言葉をまだもっていないこともあります。

そこで私は、カウンセリングではなく、一緒に勉強をしながら、いろいろな話をしたり、その子の反応を見たりしています。勉強を媒介にすると、その子は自分の問題について話さなくてもよくなるのです。**自分の問題について話さなくてもいい。それだけで気持ちが楽になるし、子どもの負担が減ります。また、やることが決まってい**

る、**大義名分があるということが安心感につながる子もいます。**

小学4年生の頃から関わっているももか（仮名）ちゃんは、いつもニコニコしていて、自分の意思をあまり示しません。ニコニコしているから大丈夫なのかと思ったら、急に涙をポロポロこぼして身動きがとれなくなってしまい、何を聞いても答えず、周りの大人が困ってうろたえてしまう。どうやら自分自身に目を向けることが大きな負荷となり、フリーズしてしまうようでした。

自分の気持ちに気づいたり、それを言葉にしたりすることに抵抗があるのかもしれないと考えて、ももかちゃんとは勉強をメインとした関わりを続けてきました。勉強は言葉で書いてあるし、人によって言うことが変わったりしません。そして、ネガティブでもポジティブでもないニュートラルな存在です。やったことの成果が見えるし、手順も決まっています。

そのため、ももかちゃんにとって勉強は安心して取り組めるものだと私は考えました。ももかちゃんは真面目で、ハマるとそれをずっとやり続けるという特性があったので、勉強に向いていました。このように、勉強を通じて関わることが、その子の安心感につながる場合もあるのです。

勉強に取り組む時間は「実験タイム」

発達障害のある子どもたちは、障害物競走をやっているようなものです。勉強をするときの自分の特性（どんなときに集中できるか、気がそれやすいか、何があるとがんばれるかなど）、どんな環境だと勉強がはかどるか（温度や明るさ、音、場所、周囲の人や道具など）を知っていると、障害物を意図的に減らすことができます。

そこで、生徒と勉強するときには、私が見つけたその子の特徴を必ず伝えるようにしています。

「○○ちゃんは、おしゃべりしてから勉強したほうがはかどるね」
「△△くんは、勉強のあとにボードゲームで遊べるとがんばれるね」
「□□ちゃんは、来てすぐ勉強を始めたほうが集中できるね」

こうやって、勉強をツールにしながら、子どもたちは自分に合うやり方、自分に合う環境を知っていくのです。そう考えると、勉強や宿題に取り組む時間が実験の時間のように思えてきませんか？

- **自分にとって動きやすい環境、動きにくい環境とはどういうものか？**
- **能力を発揮できない状況や言葉は？**
- **元気になる状況や言葉は？**
- **がんばりすぎるとどうなるか？**
- **困ったとき、人に助けてもらうといいのはどういうことか？**

これらを知るための貴重な「実験タイム」が、勉強や宿題に取り組む時間なのです。

しかし、家庭では勉強や宿題がむしろ親子の関係悪化の引き金になっていることもあります。「宿題がなければこのいざこざがなくてすむのに」「家で勉強を一緒にやると必ずケンカになる」とおっしゃる保護者のかたも多くいます。

私とのセッションが「できれば金曜日だと助かります！」と言われることもしばしばあります。そうすると、土日に宿題が残っておらず、穏やかな休日を過ごせるからだそうです。

私にとって、一緒に勉強する時間はチャンスタイムです。なぜなら、見ているだけで子どもに関するいろいろな情報を得られるからです。**勉強や宿題の時間を「イライラに耐える苦行」ではなく、「子どものことを知るチャンス！」と捉えることができると、子どもと一緒に勉強に向かう時間が気持ちよく過ごせるようになるはずです。**

親子で子どもの取扱説明書をつくっていこう

この「実験タイム」を積み重ねることで、勉強を通じてその子の取扱説明書をつくっていくことができます。実際に、私は生徒にノートを1冊準備してもらって、そこに学習記録と生徒一人ひとりの集中ポイント、よくやる間違い、うまくできたこと、最近力がついてきたところなどを書くようにしています。

おうちでも、子どもを観察していて気づいたことがあったら、子どもと共有してみてください。「立って勉強したほうが宿題が終わるの早いね」とか「おなかがすいていると集中力が切れちゃうから、途中でおやつ休憩してみるのはどう？」などと話してみるのです。

勉強などの学びは、姿を変え、形を変え、一生続くものです。今後、資格試験を受けたり、免許を取ったりするとき、**「自分がどういう状況なら理解できるのか」「どんな先生を選ぶといいのか」「どういう覚え方や解き方の練習をすると思い出しやすくなるのか」など、自分自身の取り扱い方がわかっていれば、一生役に立つはずです。**

子どもが「うまくいくパターン」を見つける

私の嫌いな言葉のひとつに「愛情不足」があります。「お母さん、お子さんは愛情不足でこんな困った行動をしていますよ。もっと愛情を示してあげてください」と言われて、「一生懸命やっているのに何も変わらない」「これ以上何をしたらいいの？」と泣いているお母さんを何人も見てきました。愛情不足を口にする人に、「お父さん、愛情が足りないですよ」と言う人がいないのも気になります。

ほとんどのお母さんは、心身をすり減らしてがんばっています。愛情は不足していません。**ただ、子どもにとってわかりにくい、届きにくい、受け取りにくい、意図と違うものが届くパターンに陥っている可能性はあるかもしれません。**

たまたまうまくいった「ポジティブな例外」を見つける

保護者の皆さんは、子どものことをよく見ています。「○○をやったあとだと落ち着いて取り組んでいるな」「私が△△な言い方をすると荒れることが多いな」など、**パターンが見つかれば必要のない争いが減り、勉強に集中できるヒントが見つかります。**

たとえば、学校から帰って宿題のことを聞くと、すぐに不機嫌になってしまう子どもがいたとします。保護者は、その様子を見てイライラしたり、「もしかしたら勉強が難しいのではないか？」と心配になったりします。

そして、子どもが学校で困らないように「ほら、早く！　宿題をやってから遊びなさい」と言ったりします。この子と保護者のパターンは【学校から帰る↓保護者が宿題をやるように言う↓子どもが不機嫌になる↓保護者も不機嫌になる↓保護者にイライラされながら宿題をやる】です。

ある日、たまたま子どもが学校から帰ったあとに、おやつを出しておしゃべりをしたとします。そうすると、なんとなく「宿題でもやるか」という雰囲気になり、子どもが宿題をやったとします。これは、いつものパターンから外れた「例外」ということになります。

そこで、今度は保護者が意図的に、学校から帰っておやつを出しておしゃべりをしてみたら、やはりなんとなく宿題に向き合える。この場合、この子にはもしかしたら【学校から帰る→おやつを食べながらおしゃべり→宿題をする】というパターンが合っているのかもしれません。

これは、**説得したり、教示したり、子どもの性格が変わったりしたのではなく、パターンを変えたことによって行動や心持ちが変わったのだといえるでしょう。**お互いのイライラや不機嫌もなくなるので、そのあとの夕ごはんやお風呂、明日の準備、就寝にもよい影響を及ぼしそうです。

「ちょっとマシ」に変化の種が埋まっている

「いやいや、それくらいでうまくいくなら、とっくの昔にできているはず」「うちの子はそれくらいじゃ全然変わらない」。そう思ったかたも多いのではないでしょうか。はい、これはあくまで完全にうまくいった場合の例です。

「うまくいったとき」といわれると、「完全にうまくいったとき」をイメージするかたがほとんどではないでしょうか。実は、そこに落とし穴があります。

変化をもっと細かい段階に分けてみるのです。「ちょっとマシ」「マシ」「まあまあ」「いい」「めっちゃいい」の5段階くらいで捉えてみてください。多くの人は完全にうまくいった「めっちゃいい」しかイメージしていないので、目の前の状況を「ちっともよくなっていない！」と感じてしまいがちです。

実は、**「ちょっとマシ」に変化の種が埋まっています。その種を見つけて水をやり、時間をかけて「ちょっとマシ」から「マシ」、その先へと育てていくのです。**

まずは、「ちょっとマシ」を見つけてみてください。たとえば、いつもは「宿題は？」と3回言って、やっと子どもが宿題に取りかかっていたのに、今日は1回言っただけで宿題を始めることができた。これも立派な「ちょっとマシ」です。

ほとんどの子どもは、「ちょっとマシ」な状況だったときも、「いつもどおりにやった」としか思っていません。そのため、「いつもは3回言わないと宿題を始めないのに、今日は1回言ってできたからびっくりしちゃった！」と、大人がそれを言語化してあげてください。「うれしい」「すごい」よりも、「びっくり」「驚いた」と伝えたほうが効果的です。

もし話が続けられそうだったら、子どもに「今日はいつもと何が違ったの？」と聞いてみてください。明確な答えが返ってこなくてもOKです。子どもが「違いを気に

した」こと自体に意味があります。

翌日には、また「宿題は？」と3回聞くことになるかもしれません。がっかりするかもしれませんが、1回でできた日があったことに意味がなかったわけではありません。また別の「ちょっとマシ」を見つけてみてください。

回数が減った、時間が短くなった、気持ちの切り替えがちょっと早くなった、自分から少し伝えられた、自分から確認しようとしたなど、「ちょっとマシ」なら、けっこう見つかるかもしれません。

少し高度ですが、「しようとした」も、ぜひ見つけて育てたい変化の種です。「今、自分から〇〇しようとしたね」と伝えると、まだやっていない行動でも「やろうとしたことを認めてもらった」と思えるので、次の変化へとつながりやすくなります。

以降のページで具体的な学習サポートについて読み進めながら、「うちの子にはどんなパターンがあるだろう？」「私の言動にはどんなパターンがあるかな？」「うまくいく例外はあるかな？」というように、「パターン」と「例外」を考えながら読んでいってください。そうすると、少しずつあなたとお子さんに合ったやり方が見えてくるはずです。

Chapter 2

お悩み別学習サポートのコツ

宿題になかなか取りかからない、
宿題中に気が散ってなかなか進まない……。
発達障害のある子の家庭学習は、
一筋縄ではいかないことも多々あります。
このChapterでは、
冒頭で紹介している
「3つの係」をベースにしながら、
宿題に取りかかる前、宿題中に
具体的にどのようなサポートを
行ったらいいか、よくあるお悩み別にご紹介します。

学習サポートの基本となる3つの係

ADHD（注意欠陥多動性障害）、ASD（自閉スペクトラム症）などの特性にかかわらず、子どもの学習サポートをするときに保護者が果たすと有効な役割が3つあります。それが、**消しゴム係、ヨイショ係、生徒係**です。大人がこの3つの役割を果たすことで、子どもの負担が少なくなり、同時に自分を客観的に見る機能（メタ認知）を働かせることができます。

保護者の皆さんは、3つの係（38ページから詳しく説明）に取り組みながら、子どものガイド役になってみてください。発達障害のある子どもは、メタ認知の働きや発達がゆっくりであることが多いので、今何をやるのかを思い出すきっかけをつくってあげたり、今どのくらい進んでいるのかを知らせてあげたり、残りがどのくらいかを見えるようにしてあげたりします。

3つの係に取り組むと、保護者の役割が「教える」から「観察する」に切り替わります。すると、大人が子どもに教えて理解させる必要がなくなり、宿題をやる間は子どもの環境調整と観察に徹することができるわけです。大人に環境調整をしてもらえると、結果として子どもの負担が減り、勉強に集中できる環境が整います。保護者は勉強を「教える」ことに関しては素人です。**保護者が「教える」立場から降りることで、子どもが主体的に勉強に取り組めるようになります。**

3つの係で子どもの負担を減らそう

❶ 消しゴム係

子どもの「消す」負担を減らす

❷ ヨイショ係

うまくいっていることを言葉で伝える

❸ 生徒係

子どもにやり方を教えてもらう

学習サポートの基本❶ 消しゴム係

子どもの「消す」負担を減らす

長い間学習指導をしてきて、**勉強が苦手な子どもたちの多くは、消しゴムで「消す」という作業にストレスを感じていることがわかりました。**「消す」というアクションが負担ということもありますし、「間違えた」とあらためて感じることが苦手でもあるようです。そういう子に対しては、大人が消しゴム係をしてあげると、負担が減ってやり直しをいとわなくなります。

消しゴムで消すときは、ひと言**「消してもいい？」と聞きましょう**。なぜなら、宿題は子どものテリトリーだからです。勝手に侵入しない。こういうところで「自分と大人（自分以外の人）は別の人間で、それぞれテリトリーがある」という自他境界が育まれていきます。「家族だからいいでしょ」と保護者が子どものテリトリーにズカズカ入り込んでいると、人の顔色をやたらとうかがってしまったり、自分の考えを人に強要してしまったりと、自他境界の曖昧さによる生きづらさを抱えてしまうことがあります。

そして、消しゴムで消すときは**「どこを消そうか？」と聞きましょう**。子どもの中には、「漢字の間違えた箇所だけ消してほしい」「1文字全部消してほしい」といった意思があります。でも、言ってくれないとわからないですよね。「どこを消そうか？」「ここを消して」というちょっとしたやりとりが、自分の意思を言葉で伝える練習にもなります。

消しゴム係はこんな感じ

MEMO

タブレットを使うと「消す」がワンタップ

作文の下書きや音声入力、反復学習をするときなど、タブレットのノートアプリを使うのもおすすめ。「消す」のは「戻る」をタップするだけなので、心理的負担を減らすことができます。学習にタブレットをうまく導入すると、いろいろな場面で役立ちます。

学習サポートの基本❷　ヨイショ係

うまくいっていることを言葉で伝える

子どもたちは、経験の少なさから「ダメ」「違うよ」と大人に訂正される機会がたくさんあります。特に発達障害のある子どもは、不注意が多かったり、コミュニケーションが取りづらかったりするため、叱られたり、注意を受けたりすることも多くあります。そのため、「何がダメなのか？」はよくわかっていますが、「何がいいのか？」は指摘されることが少なく、案外わかっていません。**うまくできたときは「何がよかったのか？」を言葉にして何度も伝えてあげましょう。**すると、「これでいいんだ」と安心できますし、OKの基準がわかります。勉強で間違えることを怖がる子には、算数の式や漢字をうまく書いているときに、横で「そうそう」と言ってあげるだけで安心して取り組めるようになります。

発達障害のある子どもの中には、自分を客観視する力の弱い子がいます。そのため、**「ちゃんと進んでいるよ」「ここが前よりもできるようになっているよ」と、以前との違いを具体的に教えてあげると、「これが進んでいるってことか！」「自分はできるようになっているんだ！」とわかるようになります。**そうすると、自分を客観視できるようになり、自分がどういう人間なのかがだんだんとわかってきます。このように「自分はわかっている」「できるようになっている」と感じられるようになることも学習のひとつです。

ヨイショ係はこんな感じ

MEMO

ヨイショするときのコツ

ほめるのは「これがOKの基準だよ」と教える意味もあるので、「すごいね！」「いいね！」だけでなく、「このはらいがいい角度だね」「この字はゆっくり書けたね」といった事実をまぜてあげると、「これがいい字なのか」と子ども自身が学んでいきます。

学習サポートの基本❸　生徒係

子どもにやり方を教えてもらう

算数の計算などのやり方が、私たち親世代が子どもの頃から変わっていることがあります。先生と保護者とでやり方が違うと、発達障害のある子は「どっちが正しいの？」と混乱してしまうことも。そういうときは、保護者が生徒係になって子どもにやり方を教えてもらいましょう。**子ども自身の説明する力がつきますし、より深い理解にもつながります。**

私は学習指導のとき、問題をコピーして生徒と一緒に解くことがあります。そのとき、つまずきそうなところを「ここはどうやるの？」と、まるで同級生のように生徒に聞いて教えてもらいます。生徒が「あれ？　わからない」となったときは、「もしかしたらこう？」と私が説明を加えながら示して、「合ってる？」と聞きます。**実際に正しく教えられるかどうかより、こういうやりとりが大切なのです。**

また、「学校で教わっても1回で理解できるわけではない」と保護者がわかっていることも大切です。そうすると、子どもがどれくらい練習すると知識が定着するのかを観察したり、的確な質問ができるようになったりします。ただし、ＡＳＤの子の場合は慎重に。「親と子」から「生徒と先生」へと役割が変わることが受け入れられず、「いつもと違うことをやらされた！」とか「本当はわかっているのに意地悪された！」など、不信感につながることがあるからです。

生徒係はこんな感じ

M E M O

こんなときはどうする？

子どもに「自分で考えたら？」と言われたら、教科書やインターネットで調べて「○○は△△すればいいのか！」と、あえて声に出して言います。子どもが教えてくれたことが間違っていたら、「教科書を見てみようか」と促して、合っている方法を一緒に探してみましょう。

3つの係に慣れたら、この視点で子どもを観察しよう

子どもの勉強を見ていると、ついつい「よい」「悪い」「できている」「できていない」「速い」「遅い」「きれい」「汚い」と評価したくなってしまいます。**保護者は先生でも警察官でもありません。評価と監視はしない。**これが3つの係に取り組むときに大切な心構えです。

「うちの子、集中力がないみたい。授業はわかっているのかな。このままで大丈夫かな」。これは「集中力がないのはよくない」と「評価」しています。「うちの子、わからない問題があると集中力が切れるみたい。計算問題はまあまあできるから、わかっていないのは日本語かも」。これは事実をそのまま受け止めているので「観察」です。

3つの係で「観察」に慣れてきたら、さらに以下の4つの視点をもって学習サポートに取り組んでみてください。

❶ **どういう道筋で考えているか**
❷ **どういう方法だと新しいことを理解できるか**
❸ **どういう環境だと「新しく知ったこと」を練習できるか**
❹ **できないことがある場合、別の方法で補えないか**

これらの視点をもつことによって、子どもの学習がうまくいくパターンを抽出し、再現するための仕組みを考えることができるようになります。

子どもを観察するときの4つの視点

③ どういう環境だと
「新しく知ったこと」を
練習できるか

① どういう道筋で
考えているか

④ できないことが
ある場合、
別の方法で補えないか

② どういう方法だと
新しいことを
理解できるか

悩み　なかなか宿題に取りかからない

おなかと心を満たしてから宿題に取りかかる

子どもがなかなか宿題に取りかかれないとき、**たいていは、「疲れた」「眠い」「おなかがすいた」「体調が悪い」「寂しい」といったエネルギー不足が原因です。**発達障害のある子は、エネルギー配分が下手なことが多く、がんばりすぎてあとが続かなかったり、自分が疲れていることに気づかず、急にエネルギー切れになったりします。

宿題は我慢強さが必要な作業なので、取りかかるにはエネルギーが必要です。おやつを出して、「先に食べる？　それとも宿題する？」と聞きながら、何が不足しているか予想してみてください。エネルギーを満たしたにもかかわらずダラダラしているときは、「宿題するなら、お母さんは手伝う？　見守る？　放っておく？　どれがいい？」と聞いてみると、保護者自身も子どもの「やる気」を確認できるし、子どもへのリマインドにもなります。

宿題をしながら、子どもがくっついてくることもあります。くっつきながら充電しているのでしょうか。安心するのかもしれませんね。そういうときは抱っこしたりしながら宿題をやります。ＡＳＤで他者への関心が外からわかりにくい子でも、安心したい、落ち着きたいなど、人の存在を感じたいときは目が合いやすいです。発する電波が弱いので、**大人も自分のエネルギー不足を解消して、アンテナの感度を上げておく必要があります。**

手伝ってほしいことを選んでもらう

宿題をするときに何をしてほしいか聞いてみましょう。「宿題するなら、お母さんは手伝う？ 見守る？ 放っておく？ どれがいい？」と子どもに聞いて、選んでもらいましょう。

おやつを出して様子を見る

おなかがすいていると宿題に取りかかれません。まずはおやつを出して、疲れているのか、体調が悪いのかなど、エネルギー不足の原因を予想して子どもに確認してみましょう。

MEMO

モヤモヤを話すと宿題に取りかかれることも

心の中がモヤモヤしていて、宿題に取りかかれないときもあります。そういうときは、子どもの話を「ふんふん、なるほど」と聞きます。子どもから「どうしたらいいと思う？」と言われないかぎり、アドバイスはしません。「へぇ、そうなんだね」「〇〇したってことか〜」と、子どもが言うことをひたすら聞きます。話をちゃんと聞いてもらうと、自分から「そろそろ勉強しよう」と言いだしたりします。

悩み　動画をダラダラ見て宿題に取りかからない

宿題をいつやるか最適なタイミングを探す

動画をダラダラ見て宿題をしない子どもにイライラ。あるあるですよね。特に発達障害があると未来を予測することが難しいので、やるべきことをつい先延ばしにしてしまいます。しかし、**ダラダラの原因は動画にあるわけではありません。**いろいろな事情（眠い、疲れている、我慢しているなど）が考えられるので、一方的に決めつけないことです。**ほとんどの親は、イライラが自分のせいだとは思っていません。子どもが自分をイライラさせていると思っています。**子どもは「もう1つ動画を見たら宿題をやろう」など、案外プランをもっているものです。ここをわかっていないと、「ずっと動画を見てるから、やる気がないんじゃないの」なんて嫌みを言うことになりかねません。まずは、子どもに宿題をいつ、どのようにやるつもりか聞いてみましょう。

学校から帰ってひと息ついても宿題に取りかかれない子の場合、帰った瞬間に勉強するとはかどることもあります。早起きしたほうがはかどる子もいますし、帰ってすぐ、ごはんのあと、お風呂のあとなど、細切れに分けるのがいい子もいます。行動パターン、体力を考慮しつつ、いろいろ試してみてください。多くの保護者のかたは子どものやる気が原因だと思いがちですが、**環境調整がいちばんやりやすく、誰も悪者にしないので対応策としては最適です。**

細かく分けて取り組むタイミングをずらす

宿題をいくつかのパーツに分けて取り組むほうが合っている子もいます。漢字ドリル、音読など課題ごとに分けて「どれからやる？」と声がけすると、やりやすくなることもあります。ぜひ試してみてください。

宿題がはかどるタイミングを探す

帰った瞬間に宿題をするのが向いている子は、「帰ってすぐに宿題を玄関でやるのはどう？」と聞くと、すぐに乗ってきます。早起きが得意な子や、タイムリミットが決まっているとがんばれる子は、登校前がベスト。

Q&A ダラダラしている子にどんな声がけをすればいい？

まず、子どもに「宿題が心に引っかかっているかどうか」を確認します。引っかかっているなら「宿題に取りかかれないのはストレスだよね。手伝えることある？」と聞きます。引っかかっていない場合は「お母さんは何もしなくてもいい？　できることある？」「この間は先に宿題やってたね。どうして？」と聞いてみます。観察や対話によって、うまくいくパターンを見つけましょう。

悩み　とにかく宿題を面倒くさがる

宿題が終わったあとのごほうびを決めておく

私の教室に来る生徒には、勉強をがんばったごほうびとして、シールや駄菓子、ボードゲームなどを準備しています。「教室で勉強してよかったな」「ここっておもしろいところだな」と思ってもらうためです。**ごほうびは、上手に使えばけっして悪いものではありません。**

どんなごほうびがいいかわからないときは、子どもに聞いてみてください。「夕ごはんのおかずを決めるのがいい」と言う子もいますし、「何もいらない」と言う子もいます。案外「ここまでやったら終わり」と保証されていることが子どもにとっていいことだったりします。それくらい「終わりが見えない勉強」はやりたくない気持ちを誘発するのです。

宿題をやるのは当たり前だからほめるほどのことではない。そんなふうに考えていませんか？　私は当たり前のことができるって、けっこう価値があることだと思っています。**ごほうびは子どもをいい子にするためではなく、「あなたが当たり前にできていることを認めているよ」という思いを表現するもの**。ただのサインです。子どもによっては、成長するにつれてごほうびが物から話を聞いてもらうこと、共感してもらうこと、自分の困り事に対して具体的なアイデアをもらうことへと変化していきます。そういった親子の関わりの第一歩として、ごほうびを捉えてみてください。

どんなごほうびがいいか子どもに聞く

どんなごほうびがいいかは、子どもに直接聞いてみましょう。私の教室では、女の子にはラメやスパンコール、色水の入ったシール、男の子は勉強後のちょっとした遊びを楽しみにする子が多い印象です。

ごほうびは継続しても問題なし

ごほうびは「あなたができていることを認めているよ」という思いを表現するもの。上手に使えばけっして悪いものではありませんし、継続しても問題ありません。成長によって内容が変化していきます。

Q&A ゲームをごほうびにしてもいいですか？

もちろんゲームをごほうびにしても問題ありません。宿題が終わったら、ごほうびにリモコンを渡すのもいいですね。自分をコントロールする力が弱い発達障害のある子は、ゲームを始めると急にはやめられません。Wi－Fiルーターやゲーム本体の機能を使って時間を管理するなど、子どもの特性に合わせていろいろな方法を試しながら、ゲームとのつきあい方を決めましょう。

悩み　おしゃべりして宿題になかなか取りかからない

話す時間をつくって共感しながら話を聞く

落ち込んでいたり、イライラしていたりして、子どもがなかなか宿題に取り組めないことがあります。そういうときは、**まず話を聞く時間をつくりましょう**。人は自分の言いたいことを外に出したあとしか、人の話を聞くことができません。というより、発達障害のある子どもたちは「今、ここ」を生きているので、ひとまず気持ちを横に置いておく、いったん忘れる、気をそらすことが苦手という感じかもしれません。

話を聞くときは、基本的に気持ちに寄り添い、共感しながら聞くようにします。**つい正論を言いたくなることもありますが、どうかこらえてください。子どもはただ話したいだけで、正論を聞きたいわけではないからです**。自分と子どもは違う人格で、人間として対等だから話を聞く。ただそれだけです。そして、宿題が終わったら「そんな大変な中でも、気持ちを切り替えて宿題することができたんだね」とねぎらうことを忘れずに。その子の中に「あ、これが気持ちを切り替えるってことか！」という気づきがあったり、「自分はちゃんとやるべきことができる」という意識が芽生えたりするからです。

多少寝るのが遅くなっても、ごはんが遅くなってもいいので、子どもが話したいときはできるだけ話を聞いてあげてください。宿題より大切なことって、人生にたくさんありますよね。

子どもの心に寄り添う時間を大切に

共感しながら話を聞き、正論を言いたくなってもぐっとこらえましょう。時間がずれ込んで、ごはんが遅くなったり、寝るのが遅くなったりすることもありますが、とことん寄り添ってあげることも、ときには大切です。

子ども自身に話す時間を決めてもらう

子ども自身に話す時間、タイミングを決めてもらってから宿題に取りかかります。話す時間を設定するだけで、ほっとする子も。話し切ったあとは集中力が増して、かえって効率がよくなることもあります。

Q&A

宿題中のおしゃべりが止まりません。

宿題をやりながら友達のこと、気になっている音楽のこと、家族のことなどをとりとめもなく話す子、いますよね。基本的には話を止めずにそのまま聞き流しておきます。その時間につながりや安心感が育っている気がするからです。とはいえ、宿題が全然進まなかったら困るので、適宜、宿題に意識が向くような声がけもします。とがめるでも聞きすぎるでもない対応を心がけてください。

悩み　時間の感覚をもてず、宿題に時間がかかる

やることリストをつくって時間を見積もる

ＡＤＨＤの脳は、頭の中に過去のイメージを思い浮かべながら、これから起きそうなことを予想したり、時間を見積もったりするのが苦手です。そのため、**時間を見える化するサポートが必要になってきます**。

時間を見積もる練習として、何にどのくらいの時間を使うかを、あらかじめ決めることもあります。**やることリストを書いて、その隣に何分くらいで終わりそうか書き込むのです**。一つひとつにかかる時間をイメージするのが難しい子には、「10分」と書いたカードを何枚か渡して、リストの横にかかる時間分のカードを置いてもらいます。予想した時間があまりにも現実的ではない場合は、事前にどれくらいかかるかデータをとっておいて、「いつもは20分かかっているよ」と伝えてもＯＫ。宿題に時間がかかりすぎて、「遊ぶ時間がない！」となりがちな子は、「困っている。なんとかしたい！」という状況に陥っているので、時間管理を取り入れるチャンスといえるでしょう。

勉強している途中で、「あとどれくらい？」と子どもが聞いてきたときには、まず「時間を意識したんだね」と、その子がとった行動を言葉にして伝えます。発達障害のある子どもは、自分がやったことがどういう意味をもつのか意識しにくいからです。それによって「あとどれくらい？」と聞いたことが「時間を意識する」という意味をもつことがわかります。

見積もった時間は変えられることを伝える

発達障害のある子は「一度決めたら絶対に変えてはいけない！」と思いがち。時間が足りないとわかったら、途中で変えられることを伝えましょう。予備時間をとっておいて、そこから時間を移動させてもいいですね。

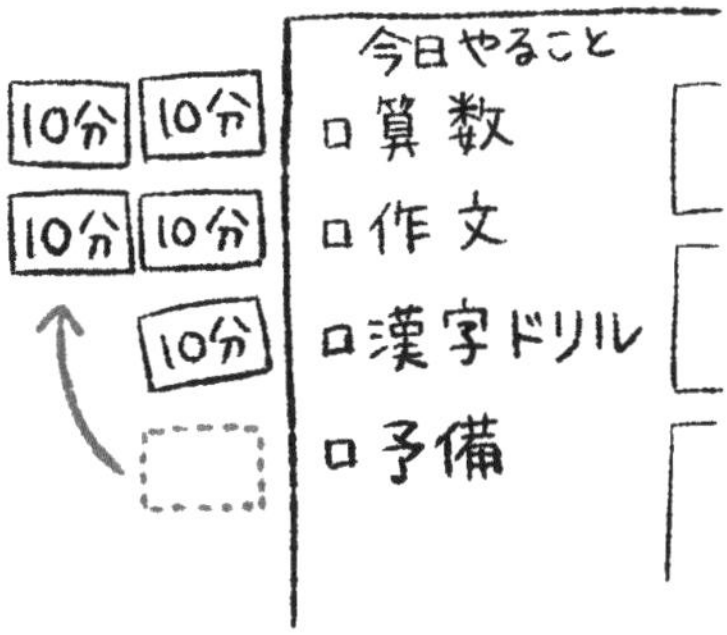

カードを使って時間を見積もる

やることリストのそれぞれの課題（漢字ドリルやプリントなど）にかかる時間を見積もる際、「10分」と書いたカードを使うとイメージしやすくなります。実際にかかった時間を測って比べてみましょう。

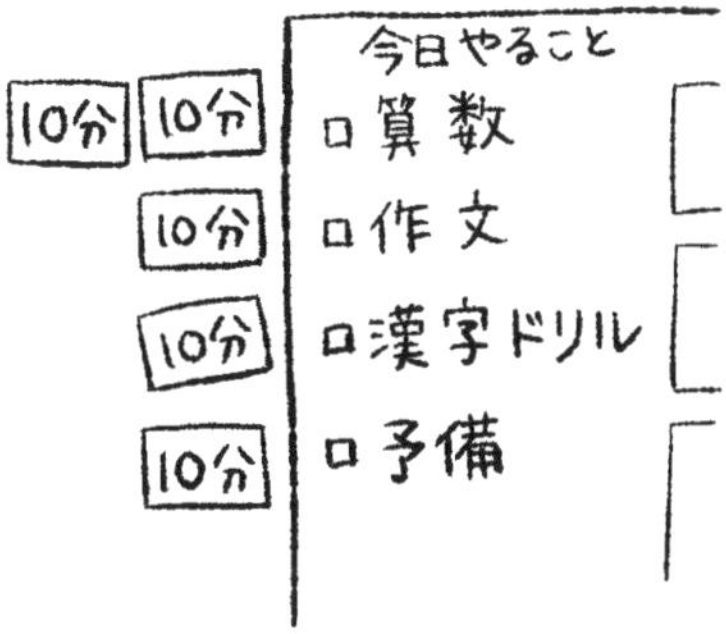

Q&A

おすすめのタイマーはありますか？

発達障害のある子どもは見えないものを想像するのが苦手です。タイマーはデジタル表示のものよりも、残り時間が面積で見えて、時間の経過とともに面積が減っていくもの（170ページ参照）がおすすめ。パッと見て時間がたくさん残っているのか、ちょっとしか残っていないのかがわかるからです。パッと見てわかるもの、自分で確認できるものを選んでください。

悩み 数字の感覚がつかめていない

リアルな体験を積み上げて数と結びつける

数字の感覚がつかめていない状態とは、具体物が「数」という抽象概念と結びついていない、もしくは数字で表すまでに至っていないということです。「東京ドーム◯個分」と言われても、実際どのくらいなのか感覚的につかみにくいですよね。それと同じことが10以下の数でも起きているのです。

数字の感覚は、リアルな体験によって育まれます。ケーキを切る、ブロックを積む、つくしを採る、お花見をする、花火をする、海に行く、バーベキューをする。なんでもいいので、リアルな体験をたくさんすることが大切です。そして、**それを数という抽象概念に結びつける。なかなか結びつきにくい子の場合は、意図的に数につなげる機会をつくる必要があります。**たとえば、ボウルに入れたいちごを分けて食べるときに、人数分のお皿を出して1個ずつのせていく。全部分け終わったら「ボウルの中のいちごが0だね」と、そっと数を伝える。天気予報を見ながら「明日は今日より気温が2度低い予報だって。今日が18度だから、明日は16度だね」と、数を意識した言葉がけをする。湯船に10数えるまでつかって、体を温めてから上がるというご家庭も多いでしょう。そういうときに「今日は2飛びで数えよう」「今日は5飛びで数えよう」と、いろいろな数え方をしてみるのもいいですね。こういった小さい頃からの積み重ねが、教科学習を理解するときの助けになります。

数につなげる声がけをする

食べものを分けるときに、「3個ずつ配れたね」「からっぽは0だね」と、子どもが目に見える形で数を確認したり、大人が「4人だから1人2切れずつ配ろう」などと数を口にするのも有効です。

数と触れ合う体験をふやす

数字はリアルな世界を抽象化したものなので、実際の体験によって理解が深まります。ケーキを切ったり、キャンディを分けたり、数と触れ合う機会をふやしましょう。お買い物やごっこ遊びもいいですね。

MEMO

数の感覚を育てるコミュニケーション

人類が進化する中でつくられた文字や数字。その発展には人と人とのつながり、コミュニケーションが欠かせませんでした。そのため、数字を覚える、計算する以前に、コミュニケーションの中に数字を入れていくことが大切だと私は考えています。発達障害のある子どもは見えないものを想像するのが苦手ですが、右ページで紹介したような勉強以外の活動が想像力を育ててくれます。

悩み 思考があっちこっちに飛んで進まない

一問一答「わんこそば形式」で問題を出す

頭の中に思考がたくさん浮かんでは消え、浮かんでは消えるADHD傾向の子の場合、問題を1問解くだけでたくさんの考えがめぐってしまいます。そのため、**「1問できたら、すぐ次の1問」というように「わんこそば形式」で問題を出すようにしています。**目の前に1問しかないと、その問題に集中することができますし、次の1問がすぐ目の前に現れるので、別のことを考える暇もありません。そのため、集中力が途切れにくくなります。

思考があっちこっちへどんどん展開していくパターンとしては、周りにあるものが刺激となる場合と、頭の中に浮かんできた考えが刺激になる場合の2つのパターンがあります。ここで取り上げているのは、後者のパターンの対処法。考えが浮かんでくるのを止めるのは難しいので、別のことが浮かんでくる前にタイミングよく刺激を与え、頭の中を忙しくさせています。

一問一答以外にも、頭の中が忙しくなるようなひと工夫を加えると効果的です。たとえば、残り時間が見えやすいタイマーでタイムリミットを設定したり、競争が好きな子だったら、一緒に「よーい、ドン！」で同じ問題を解くのもいいですね。競争となると、集中力を発揮する子もいます。最後にお互いの答案用紙を交換して答え合わせをすると、なぜ間違えたのかを注意深く検証できるという効果もあります。

「よーい、ドン！」で競争する

競争するのが好きな子の場合、同じ問題を一緒に「よーい、ドン！」で解いて、競争するのもおすすめです。やる気が湧いてきて、集中力がぐっと増します。

タイマーを使って時間を区切る

一問一答ではなく、タイマーで時間を区切って取り組むのも効果的です。頭の中が忙しくなって別の思考が浮かぶ暇がなくなり、散漫になりがちな思考が一点に集中します。

MEMO

「わんこそば形式」が生まれた経緯

発達障害のある子の勉強を見ていると、「なぜこのタイミングで急に話し始めたんだろう？」と思うことがよくあります。かけ算の筆算でくり上がりの計算をしている途中だったり、漢字を書いている途中だったり。「思考が途切れて間違えたりするから、効率悪いのに」と不思議でしたが、集中力がそこで切れていたわけですね。そこで編み出したのが、この「わんこそば形式」です。

悩み　目や耳に入る情報に反応して進まない

「気は散るもの」という前提で環境を整える

ＡＤＨＤ、ＡＳＤ傾向の子は、必要な音だけ取り出すことが難しく、感覚過敏のため音が大きく聞こえることもあります。また、チラッと目に入ったものが動いていたり、光っていたり、見慣れないものだったりすると気になるだけでなく、痛みやまぶしさを感じることもあるようです。しかも、慣れて気にならなくなることはほとんどありません。また、自分が何をすればいいかがわかりにくかったり、与えられた課題への対応が難しかったりすると、周囲の物音や友達の声が急に気になってイライラすることもあります。

対策として効果的なのは、刺激の量を減らすこと。具体的には、目に入る情報を減らすためにパーティションを使う、壁に向かって座る、テレビにカバーをかける、スマホやゲームやタブレットを見えないところに置く。ヘッドホンやノイズキャンセリングイヤホンをつけて、耳から入る情報を減らすなど。スマホは電源が入っていない状態でも集中力をそいでしまうそうです。

子どもは経験が少ないので、気になる音が聞こえたり、気になるものが視界に入ったりしたときに、それがいったい何によるものなのか予想できません。なんだろうと思ったら確認します。「キョロキョロしない！」と注意すると、よけいに勉強そのものがはかどらなくなるので、「気は散るもの」という前提で環境を整えることをおすすめします。

目や耳に入る情報を減らす

パーティションを使ったり、テレビにカバーをかけたり、目に入る情報を減らすと集中することができます。また、ヘッドホンやノイズキャンセリングイヤホンをつけるなど、音を減らす工夫もしてみましょう。

感覚過敏で気が散りがち

発達障害があると、周りの人よりも光を強く感じたり、音を大きく感じたり、目や耳に入る情報に過敏に反応してしまいます。ストレスがかかる状況だと、さらに気になってしまうことも。

MEMO

人間はそもそも注意力散漫！

人間は外敵に襲われたり、獲物を捕らえたりするときにすぐ対応できるよう、そもそも注意力散漫なのだそうです。その分、集中するには脳のエネルギーが必要になるということ。特に発達障害のある子は感覚的な刺激に反応しやすいので、集中を阻害する要因はできるかぎり減らしておきましょう。集中するためのエネルギーが最小限ですむ環境づくりが大切です。

悩み　体をグラグラさせて勉強する

正しい姿勢を捨て、最適なグラグラ感を見つける

発達障害のある子の中には、体をグラグラさせているほうが集中できる子、寝そべっているほうがやる気になる子もいます。発達性協調運動障害※があると、体幹が安定せず、座っていてもすぐに姿勢が崩れてしまうことがあります。バランスボールに座って勉強したほうが集中できる子もいますし、スクイーズをにぎにぎしながらがいいという子もいます。椅子にバランスディスク（左ページのQ＆A参照）をのせて座る、座ったときの足をバランスディスクの上にのせるのがいい子もいます。立って勉強したがる子もいるので、スタンディングデスクを試してみてもいいかもしれません。

まず、**「勉強はきちんとした姿勢でするべし」という考えを捨ててしまいましょう。**姿勢に関しては大目に見たほうが、保護者の精神衛生上もいいかもしれません。とにかく**子どもに合う環境を見つける、そのときどきで合うものを選べる環境にすることが大切です。**ただでさえスタンダードが合わない、もしくはスタンダードでは不十分なことが多い発達障害やグレーゾーンの子どもたち。自分に合うものを見つけたり、工夫したりという経験は、その子の今後の人生に役立つはずです。

※文字をうまく書けない、マスからはみ出る、定規やコンパスがうまく使えない、姿勢がすぐ崩れるなど、脳機能のひとつである「協調（運動）」の発達に問題がある障害のこと。

子どもが集中できる環境を探す

子どもが集中しているときの環境を観察してみましょう。1人がいい？　場所は自分の部屋？　玄関？　リビング？　道具は鉛筆？　シャープペンシル？　思わぬところにヒントがあるはず。

「勉強は正しい姿勢で」という固定観念を捨てる

正しい姿勢で勉強すると体に使うエネルギーが少なくてすみます。でも、姿勢を気にしすぎて勉強に使うエネルギーが足りなくなってしまうのなら本末転倒。長時間の勉強でなければ大目に見ましょう。

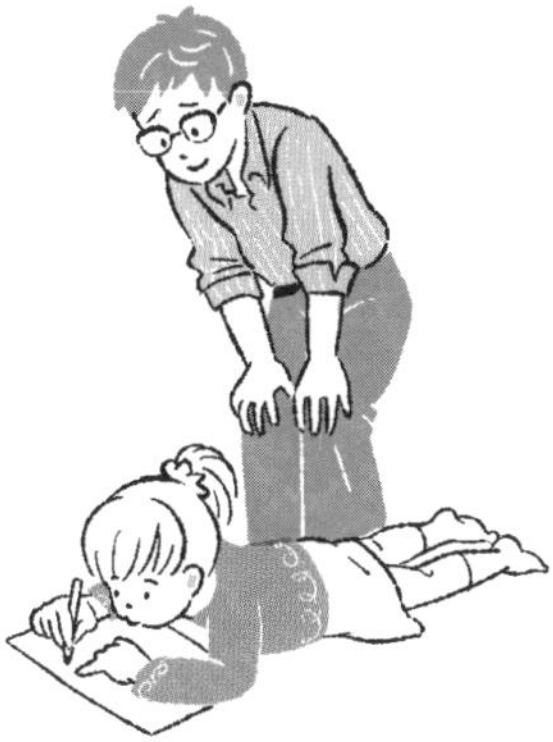

Q&A バランスディスクってどういうもの？

バランスディスクは、体幹やバランス感覚を鍛えられる円盤形の運動器具。上に立ったり、座ったりして体幹を鍛えるものです。椅子の座面にバランスディスクをのせてその上に座ったり、座ったときに足をバランスディスクの上にのせたりすると、バランスボールと同じようなグラグラ感があります。おすすめのバランスディスクは170ページに掲載しています。

悩み　音楽を聞きながら宿題をしたがる

「こなす宿題」か「考える宿題」かで対応を変える

発達障害のある子どもの保護者の皆さんは、「わが子は人よりもがんばらないと遅れてしまう！」という危機感をもっていて、子どもが音楽を聞きながら宿題をしていると、「頭に入っていないのでは？」と気にする傾向があります。音楽を聞きながら宿題をする子は、嫌なこと（宿題）を好きなこと（音楽）で中和しているようです。それによって気が向かない宿題を「やってもいいかな」と思えるなら、受け入れてもいいと私は思います。**ただ、音楽を聞きながらの勉強は効率が落ちます。**音楽に脳のリソースが割かれてしまい、やるべきことに全エネルギーを注ぐことができなくなるからです。

そこで、**「こなす宿題」か「考える宿題」かによって対応を変えます。**「こなす宿題」とは、思考力を使わなくてもできること。覚えている漢字の書き取りや九九のプリントなどは、音楽を聞きながらでもさほど影響しません。反対に、まだマスターしていない筆算や漢字の熟語、作文など、「考える宿題」は音楽なしのほうがいいでしょう。「勉強中に音楽を聞くのはよくない！」と決めつけず、子どもに音楽を聞く理由を聞いてみてください。理由があれば、それを尊重します。理由がないときは、音楽は脳に負担がかかることを伝えて、音楽なしでも宿題をできるかどうか話してみましょう。いずれにしても、子ども自身が「どうしたいか」を聞くことをおすすめします。

「どうしたいか」子どもの意向を聞く

大人は正論や理想をぶつけがちですが、ぜひ子どもの言い分を聞いてみてください。「宿題を始めて気分が乗ってきたら音楽を消す」など、ほどよい折衷案が生まれることも。

やる気を出すためなど理由があれば認める

やる気にならなくて取りかかることができないなら、音楽を聞きながらの勉強を認めてあげてもいいでしょう。大人だって、音楽を聞きながら作業したいときってありますよね。

MEMO

音楽あり・なしで正答率を検証！

以前、この「ながら勉強問題」を検証したことがありました。ある子の場合、音楽なしだと正答率80%、音楽ありだと45%で、音楽が正答率を下げていることは明らか。こういうときは本人に事実を伝えて、どうしたいか尋ねます。精度は落ちても「やる気を出すために聞きたい」ならよしとします。この子とは「考える宿題をするときは音楽なしにしよう」ということになりました。

悩み 間違いを指摘すると怒りだす

イライラ対策について子どもと作戦会議する

ダメ出しされるとイライラする、否定された気持ちになって荒れる。そんな子どもの頭の中はどうなっているのでしょうか。発達障害のある子どもに多いのが、「白黒思考」「全か無か思考」「0か100思考」と呼ばれる極端な考え方です。これは勝手に浮かんでくる「自動思考」と呼ばれるもの。発達障害のある子どもは特にそれを強く感じる傾向があり、気持ちを切り替えるのが難しいのです。

自動思考を止めるには、まず自分にそういう考えが浮かんでいると自覚する必要があります。子どもは自分を客観的に見る力を育てている途中なので、周りの大人が子どもを観察して、イライラのきっかけを探してあげましょう。たとえば、「字を間違えてうまく消せないとイライラする」というパターンが見えてきたとします。そうしたら「あなたのイライラサインを見つけたんだけど作戦会議しない？」と子どもが落ち着いているときに話を持ちかけてみてください。この「作戦会議」という言葉が案外効きます。自分も参謀として加わることで、問題が他人事から自分事になるのです。作戦会議では、「イライラは感じてもいいけど、その出し方は変えたいね」という話をします。のちに、本人がイライラの兆候に気づけるようになったら、休憩をする、問題数を減らすといった対策をとれるようになります。

落ち着いているときに作戦会議を申し込む

思考は勝手に浮かぶものですが、行動は選ぶことができます。イライラする子どもを責めたり、説得したりするのではなく、「一緒にいい方法を試そう！」と作戦会議を申し込んでみてください。

二極思考に陥りやすいことを知る

発達障害があると、「白黒思考」と呼ばれる二極思考に陥りやすい傾向があるようです。「そんなふうに考えないの！」と伝えても簡単に変えられるものではない、ということを知っておきましょう。

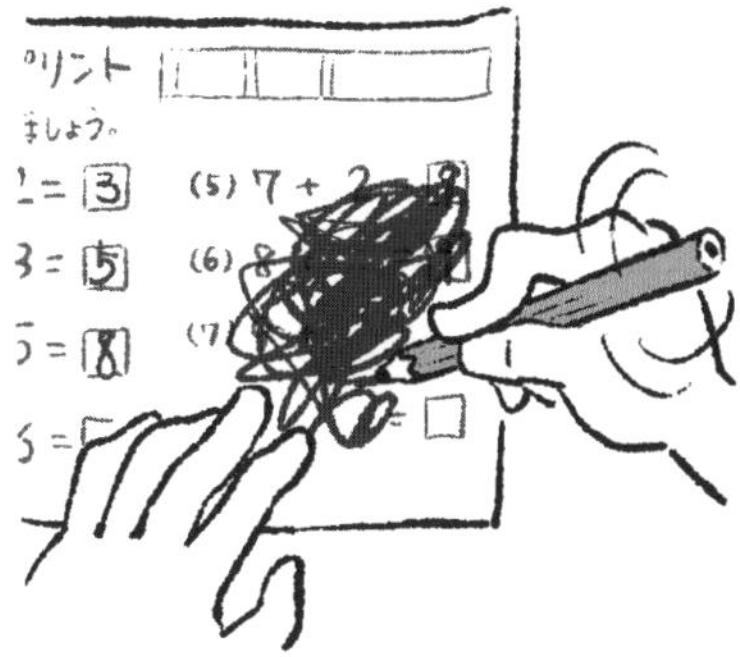

Q&A 子どもがイライラしない指摘の仕方はありますか？

発達障害がある子の中には、指摘されると否定されたと感じ、ひどくショックを受ける子もいます。間違いを指摘する直前に「惜しい！」「いい線いってるよ。あと少し！」など、「クッション言葉」を入れてみてください。子どもがかんしゃくを起こさないようにするためではなく、間違いを受け入れられるようにするための工夫です。作戦会議と併用するのがおすすめ。

悩み　やる気が出なくて宿題が進まない

細切れごほうび作戦で、やる気をキープする

やるべきことを決め、大まかに計画を立てて、実際にやり始める。この一連の作業を自分をコントロールしながら行う機能を「実行機能」と呼びます。発達障害のある子どもは実行機能が弱く、やるべきことが決まっていても計画が立てられない、計画は立てたけど実際にやり始めるエネルギーが足りない、といったことが起こります。**根性がないわけでも、だらしないわけでもなく、1人で実行機能を発動させるのが難しいのです。**

そういうときは外発的動機づけを使います。いわゆる「ごほうび作戦」です。発達障害のある子どもの多くは、「ゴールまでの道のりが長そう」と感じると、すぐモチベーションが下がってしまいます。そのためゴールまでの道のりを短く、わかりやすく提示するのがポイント。**絶対クリアできる範囲、ちょっとがんばれば手に入る範囲に小さいごほうびを用意するのです。**

たとえば、漢字を1行書いたらグミを1個食べる。計算問題を1問解いたらチョコレートを1個食べる。モチベーションが湧かないときは、このようにお菓子をうまく使うのも手です。タイマーで所要時間を測ってタイムアタックをするという手もよく使います。漢字ドリルを1行書くのにどのくらいかかるか時間を測ってメモする。次の行も同じように測ってメモする。それだけなのですが、なぜか前回のタイムより早く終わらせたくなるようです。

ストップウォッチで時間を測る

いきなり測る場合と、「何分かかると思う？」と子どもに予想させる場合とがあります。いずれにしても「準備できたら、『よーい、ドン！』って言ってね！」と主導権を本人に渡すとうまくいきます。

絶対クリアできる位置にお菓子を置く

「がんばってもクリアできそうにない」「時間がかかりそう」と思った瞬間、子どものやる気はしぼんでしまいます。「これならできる！」と思える位置に小さなお菓子を置いてから始めるのがコツ。

MEMO

やる気がある・ないが問題ではない

子どもに教えたいのは「やる気がある・ないにかかわらず、やってみると案外いいことがある」ということ。やってみてうまくいったことは、何回でもほめましょう。ほめるのをサボるかたがたくさんいますが、しつこいくらいほめてあげてください。ただし、なんとか終わらせたあとに「そんなにがんばれるならこれも！」とプラスの課題を持ちかけるのはNGなので、ご注意を。

悩み　脱線してしまってなかなか終わらない

「困っている」ことを認識させて方針を決める

宿題に関連したことに興味が湧き、深掘りしているうちに時間がなくなってしまう子がいます。特にADHD傾向がある子の場合、刺激に反応しているだけのこともあります。保護者としては「好奇心の芽を摘み取りたくない」という気持ちと、「このままだと宿題が終わらない」という焦りがせめぎ合うわけです。そんなときは勇気を出して話の腰を折り、「このまま深掘りを続けるか、宿題を先にすませてしまうか」を選択してもらいましょう。**気になることをすぐ探究し始める子は、「脱線すると戻れない」ことが課題なので、そこをサポートする必要があります。**なかには、その状態を「自分が困っている」と認識していないこともあります。その場合は、「私は今困っている！」に気づかせるところから始めます。

まず「気になることを調べていたら、時間がなくなることがあるよね。そうなりそうなときは声をかけたほうがいい？　放っておいたほうがいい？」と聞いておきます。保護者がそのとおりに対応したのに子どもがかんしゃくを起こしたら、「それは困っているサインだよ」と伝えます。そして、そのまま探究を続けると時間がなくなって宿題を提出できなくなること、その場合はどのように先生に伝えるかを子どもと話して、それでも探究を続けるか、それとも宿題に戻るか、方針を決めましょう。

脱線していることを知らせる

「あなたは気になるとどんどん調べたくなっちゃうよね。戻れないのは困っているってことだよ」と伝えたうえで、「そういうとき、何か手伝えることはあるかな？」と聞いてみてください。

深掘りを続けるか、宿題を先にやるか聞く

探究を続けるのであれば、宿題はできないこと、それを先生に説明する必要があること、その説明を自分でするのか、保護者が連絡帳に書くのかなど、ひととおり決めてから探究学習に入ります。

MEMO

保護者が生徒係になるのも効果的

子どもが探究の道に入り込んでしまうときは、保護者が生徒係（42ページ参照）をするのも効果的。片づけられない人が作業に集中できるよう、近くで片づけをしながらサポートする「ボディダブリング」という手法があります。一緒に問題を解くことは、これと同じ効果があると私は感じています。同じ課題に取り組む保護者の姿を見ることで、自分が何をするべきなのか思い出しやすくなるのです。

悩み　弟や妹が邪魔するので気が散ってしまう

邪魔する下の子を叱り、勉強する子を守る

発達障害のある子は特に、弟や妹に勉強を邪魔されると気が散ってしまったり、かんしゃくにつながったりします。まず、お互いのやるべきことを確認して、終わったあとに一緒に遊べるごほうびを決めます（50ページ参照）。そのあと弟妹との間にパーティションを立てて、それぞれの課題に取り組みましょう。隣同士で座らせると、必ずどちらかがもう一方にちょっかいを出したり、話しかけたりするので、距離をとるのがおすすめです。間に保護者が座ってもいいですね。

どちらかがもう一方を邪魔したら、意思をもって叱ることが大切です。多くの子どもは、弟妹はまだ小さいから言うことを聞けないとわかっています。なので、弟妹がどうこうというより、**保護者が自分を邪魔してくる弟や妹から守ってくれたか、守ってくれたと感じられたかのほうが大切です**。邪魔したほうの子を堂々と叱ればいいのです。叱るときは「もうダメよ〜。お兄ちゃん、勉強してるからね。邪魔しないよ」ではなく、「お兄ちゃんは勉強中です。さわりません。手は体の前に置きます。話しかけません。黙ります」と丁寧語を使うのがポイント。**親子の境界線は、はっきりさせておく必要があります**。どちらかがもう一方を攻撃するような場面でこそ、主導権をもっているのは保護者であることが伝わる態度をとりましょう。

叱るときは丁寧語で

下の子はもちろん悪気はありませんが、勉強という大切なことに取り組んでいるからこそ堂々と叱ります。叱るときは、大人と子どもの距離感を認識させるためにも丁寧語を使いましょう。

距離や時間をとってみる

下の子と物理的に距離をとったり、下の子が寝たあとに宿題をすることにしたり、朝早く起きられる子なら早朝に勉強タイムを設けたり、時間や空間をとることができないか考えてみましょう。

MEMO

ごほうびを細切れに設定する

下の子が動き回っていると、集中力を維持するのはどうしても難しくなります。小さいゴールを設定し、おやつやシールをあげる「細切れごほうび作戦」（68ページ参照）で集中力をつなぎましょう。下の子がいることで、普段からたくさん我慢している可能性もあります。「いつも我慢しているよね」とひと声かけたり、休日に保護者と2人で遊んだりすることがごほうびになることもあります。

悩み 答えがわからなくて進まない

潔く答えを見て確認するよう促す

いくら考えても答えが出てこないときってありますよね。宿題でいうと、漢字や算数の解き方でしょうか。そういうときは、**3分考えてもわからなかったら、潔く答えを見てしまいましょう。** 発達障害のある子どもは、「ズルしてはいけない。答えを見るのはズルだからいけない」と強く思い込んでいる場合があります。状況に応じて融通をきかせるのが苦手なんですね。そういう子には、次のように話すとだいたい納得してくれます。

「脳は1回では覚えられないようにできています。勉強したことは、何度もくり返すことで知識として定着し、いつでも取り出せる状態になります。CMの音楽を口ずさんでしまうのは何度も聞いているから。それと同じで、答えを見て何度も『あ！　そうだった！』と確認したほうが覚えられるようになります。だから、わからなかったら答えを見たほうが頭がよくなります」

そもそも「思い出して書く」という勉強法よりも、単語カードのように、見て言うだけの練習のほうが向いている場合もあります。もし最終的にいつも答えをまる写ししている場合は、最後に口頭でランダムに問題を出して、ちゃんと理解しているか確認してみてください。学習にかなり遅れがあり、授業内容がわかっていない可能性がある場合は、学習サポートセンターに相談に行くなどの対策をとってもいいでしょう。

情報源を見せて脳の仕組みを説明する

大人が「答えを見ていいよ」と伝えても納得できない子には、本やインターネットの記事、保健室のおたよりなどの情報源を見せて、脳の仕組みを説明することも。情報源を示すと納得することが多いようです。

3分考えてわからなかったら答えを見る

発達障害がある子は記憶の上書き保存が苦手です。じっくり考えたうえで間違えてしまうと、そちらを覚えてしまって正しい答えを覚えにくくなることも。3分考えてわからないときは答えを見たほうが効果的。

MEMO

自分の考えや意見を変えるとき

私が好きな言葉を紹介します。「武士に二言はないと言います。私は武士ではありません。だから、私には二言があります」。『親子アスペルガー ちょっと脳のタイプが違います』兼田絢未（合同出版）にある一節で、発達障害のある著者は、この言葉で自分を縛っていた鎖を解くことができたそう。自分の考えや意見を変えるとき、発達障害のある人は大義名分が必要なこともあるのです。

悩み 漢字が正しく書けない

3タイプの漢字の覚え方を試してみる

書いたり読んだりするのがぎこちない、字を覚えるのにすごく時間がかかるなど、学習障害の可能性がある場合は専門機関をぜひ訪ねてください。ここでは、ひらがなは覚えたけれど漢字が覚えられない、似た字と間違えてしまう、惜しい間違いをする子どもに対してできることをご紹介します。

漢字を覚えるときに有効な方法は子どもによって違い、「仕組み」「ストーリー」「体を動かす」の3つのタイプがあります。「仕組み」タイプの子は、漢字の中にあるカタカナや部首を教えるとうまくいくことがよくあります。たとえば「曜」にはカタカナの「ヨ」が2つ入っている、「泳」は水に関係があるのでさんずいが入っている、というように。まずカタカナを覚えているかをチェックしたり、漢字の中にカタカナを見つけるクイズを出したりするのがいいでしょう。部首カルタで部首を覚えるのもいいですね。「ストーリー」タイプの子には、「能」という字は「向（ム）こうの山に月が出た、日（ヒ）が出た、日（ヒ）が出た」と歌いながら書いたりします。「人」と「入」を間違える子には「ヒト」とカタカナで書いて「ト」を斜めに見ると「人」に見えるので区別できることを教えます。「体を動かす」タイプの子には、腕を目いっぱい使って空中に書いたりします。尻文字を書いて体全体で覚えたり、子どもの背中に書いて「なんの文字でしょうクイズ」をしてもいいですね。

Chapter 2 お悩み別 学習サポートのコツ

気になるようなら専門機関に相談する

学校の勉強は思いのほか速く進みます。読む・書くはほかの教科の土台になるものですし、日常生活にも関わることなので、気になることがあるのなら早めに専門機関に相談することをおすすめします。

3つの方法をすべて試してみる

まずは、右ページの本文にある3つのタイプそれぞれの方法を子どもに試してみてください。方法は1つに絞らなくてもいいですし、覚えられない漢字だけ試してみるのでもOKです。

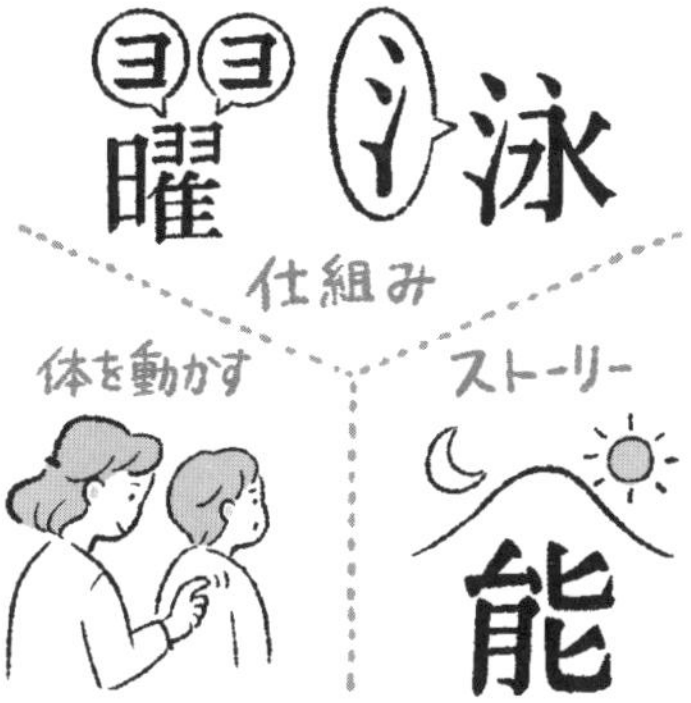

Q&A 楽しみながら漢字が覚えられるようになる方法は？

部首をテーマにしたカードやビンゴ、カルタなどを活用すると、ゲーム感覚で漢字を覚えることができます。漢字にはカタカナがたくさん隠れているので、カタカナがまだあやふやな場合は、カタカナカルタなどで遊ぶのも効果的です。すごろくは、自分が止まったコマの文字を読まないといけないので、漢字に触れる機会をふやすという意味でもおすすめです。

column 2

成果が見てわかる「レベルアップボックス」

発達障害のある子がメタ認知をより働かせるのにおすすめの方法があります。それは「レベルアップボックス」という箱を活用する方法です。

まず、１００円均一店で売っているＡ４サイズの紙が入る深めのボックスを用意します。目盛りをつけ、その目盛りごとにごほうびを書きます。そこに、学校で勉強したプリント、宿題プリント、ノート、問題集、通信教材の終わったものなどをどんどん入れていきます。ごほうびが書いてある目盛りに達したら、そこに書いてあるごほうびがもらえるという仕組みです。

ごほうびは、「一緒にハンバーガーを食べにいく」だったり「ゲーム10分ボーナス」だったり。箱いっぱいにたまると、「ゲーム1時間ボーナス」をごほうびにしたりしていました。

ゲームアプリには、「ログインボーナス」という仕組みがあります。ログインしただけでもらえるポイントのようなものです。この「レベルアップボックス」は、それと同じように「学校に行く」「宿題をやる」「勉強する」がログインボーナスとなり、ポイントがたまっていく仕組みです。そして、ポイントがたまっていくと、それに応じたごほうびをもらえます。

「レベルアップボックス」は、こういったゲームの仕組みを取り入れたもの(ゲーミフィケーション)です。このように、私はゲームを参考にしながら、勉強に楽しく取り組むためのアイデアを考えたりしています。

自分のがんばりを目で見て確認できる。がんばるとごほうびをもらえる。このようなサポートで、子どもは日々の生活や勉強を自分を知る方法のひとつとして使えるようになります。

Chapter 3

学習サポートの基盤となる考え方

学習サポートの現場では、
心理学の理論を基にして、
子どもの特性や環境要因を考え、
個別の対応策を考えています。
Chapter2でご紹介した具体的な対策も、
すべて心理学の理論に基づいています。

このChapterでは、
学習サポートをする際の基盤となる
3つの考え方をご紹介します。

学習サポートするときに知っておきたい3つの考え方

「今までいろいろ試してきたけど、うちの子に合うやり方がなかなか見つからない」「本や記事、動画を参考にして同じようにやっているつもりなのに、何も変わらない」「子どもをいざ目の前にすると、うまく対応できない」「ほかの子の例なんて参考にならない」。そう思うことはありませんか？

もしかしたら、**学習サポートの基盤となる考え方をインストールすることで、私がお伝えするコツの意図を理解できたり、子どもに合うやり方にアレンジできたりするかもしれません。**

Chapter2で紹介した学習サポートのコツは、私が現場で実践し、効果が出ることが多い対応の仕方です。効果が出やすいのは確かですが、どんな子にも効果があるかというと、そうとも言い切れません。正直に言うと、**人や状況が違えば、対応の仕方もまったく違ってきます。**私が特徴も環境もバラバラな子どもたちと何年も一緒に勉強できているのは、こちらで紹介する基盤となる考え方を基に、対応を一人ひとりアレンジしているからだと思っています。私もまだまだ勉強中ですし、少し専門的で難しい話になるかもしれませんが、学習サポートの基盤となる考え方を3つご紹介します。この考え方をもったうえで目の前で起きている学習まわりの困ったことを観察してみると、これまでと違って見えてくるはずです。

学習サポートの基盤となる3つの考え方

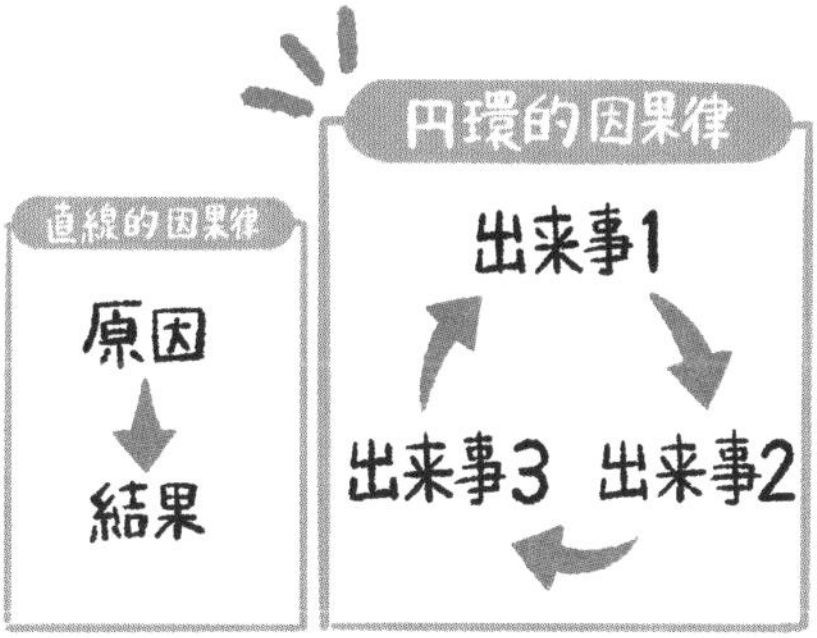

❶ 円環的因果律

原因は「直線」の先ではなく
「円」の中にあると考える

❸ 認知行動療法

思考と感情を分ける

❷ ポジティブな例外

たまたまうまくいった
要因を見つける

❶円環的因果律

原因は「直線」の先ではなく「円」の中にあると考える

勉強がわからないと投げやりになって文句を言う。宿題をダラダラと先延ばしにする。こんなとき、「子どもが悪い」「子どもが変わらないと」と考えていませんか？　「なぜ問題が起こったのか」を探る考え方です。これを**直線的因果律**といいます。原因→結果と直線でつながっているからですね。実は、私はこの考え方があまり好きではありません。どうしても「悪者」を探し出すことになるからです。

そんなとき、**円環的因果律**という考え方を知っておくと対応策が見つかることがあります。「問題を持続させているのはどういう連鎖（パターン）なのか」を考えるのです。がんばっているのに問題が解決しない場合、**やっていることが悪いというわけではなく、努力が功を奏していないパターンになっていると考えます**。

たとえば、子どもが学校から帰って、「自分から宿題をしないから保護者が何度も声をかける」という問題があるとします。このとき、「宿題をやらない→保護者が声をかける→なかなかやらない→さらに声をかける→しかたなく宿題をやる→ギリギリまで遊べるうえに宿題も終わる→はじめに戻る」と同じことをくり返していると考えます。「何が問題を持続させているのか？」がわかると、「何をどう変えればいいのか」がわかります。

何が問題を持続させているのか？

MEMO

「円」で考える具体的な方法

困っていることを円環的因果律で考えてみてください。何と何が関わっていますか？　子どもの行動にはどんなパターンがありますか？　それに誰がどう関わっていますか？　よく見られる子どもの態度や反応は？　自分の言い方や返事の仕方、気持ち、反応は？「何もしない」というのも構成要素になります。何もしない人や関わらないものはあるでしょうか？　いろいろ観察してみてください。

❷ポジティブな例外

たまたまうまくいった要因を見つける

「ポジティブな例外」とは、いつものパターンとは違って「たまたまうまくいった」ときのことです。たとえば85ページのパターンがうまくいった場合を考えてみましょう。子どもが帰ってきたときに「おやつ食べる?」と声をかけ、いつも宿題をしているテーブルでおやつを一緒に食べながら、それとなく「このまま宿題やってみる?」と穏やかに声をかけたとします。すると、なんとなく宿題をする流れになり、スムーズに終わったとします。この「ポジティブな例外」は、なぜ起こったのでしょうか? 何があった? なかった? 誰がいた? いなかった? いつもと違ったことは? **問題が起こる場面ではなく、起こらなかった場面、問題が起こっても「いつもよりマシ」だった場面について考えてみることが大切です。**

「たまたまうまくいった」ときの要素をピックアップし、実験して「少しうまくいった」「これだとうまくいかない」という結果が得られたら、それらはすべてデータです。まずはデータを集め、そこから「ポジティブな例外」を見つけて再現してみてください。発達障害の子どもがいる保護者の皆さんは、成果が出ないことが日常的にあるため、日々疲れを感じています。これらのデータを基に試行錯誤できると、保護者のかたは「自分のことをコントロールできている」というプチ達成感が得られます。

たまたまうまくいったのはなぜ？

おやつを一緒に
食べたのがよかったのかな
明日もやってみよう
おかえり！
おやつ食べる？
食べるー
このまま
宿題やってみる？
ん？
終わった！

MEMO

「うまくいったのはなぜ？」を探すときのポイント

上のパターンで考えてみます。保護者はなぜおやつをすすめたのでしょうか？　たまたま子どもが好きなお菓子が家にあった？　気分がよかった？　その気分は何によるもの？　子どもに対する行動はいつもとどう違ったのでしょうか？　なぜいつもはガミガミと宿題を促すのに穏やかに言えたのでしょうか？　このように「いつもと何が違ったのか」を考えてみましょう。

❸認知行動療法

思考と感情を分ける

認知行動療法とは、「思考」「感情」「行動」(身体反応も入りますが、ここでは割愛)に分けて対策を講じる心理療法のことです。私たちの頭の中で飛び交っている言葉を自動思考といいます。この自動思考は感情を誘発します。

子どもが宿題をせずに動画を見ている。それを見て「宿題をやる気はあるのかな?」と考えたときと、「調子が悪いのかな?」と考えたときとでは、湧いてくる感情が違いますよね。前者だと、イライラして「怒鳴る」「おやつを食べている途中で片づける」といった行動になります。後者だと、心配になって「どうしたの?と尋ねる」「顔色を見る」といった行動になります。このように、**どんな自動思考をもっているかによって行動が変わってくるのです。**

そのため認知行動療法では、まず「どんな自動思考が浮かんだか」をつかまえる練習をします。

頭の中で考えが浮かんだとき、立ち止まってその考えを客観的に捉えてみます。そして、自動思考と湧いてきた感情を分けます。これができるようになると、その後の行動を選べるようになります。感情のままにイライラを子どもにぶつけたりせず(あえて怒ることもできる)、宿題のプランがあるのか確認することもできるようになります。自動思考をつかまえられるようになると、結果的に不必要な衝突を避けられるようになるのです。

感情を認識できると行動が変わる

「今、自分は腹が立っているんだな」と感情を客観的に捉えられるようになると、怒りをそのままぶつけるのではなく、子どもに宿題のプランを聞くなど、自分の行動を選べるようになります。

自動思考が浮かんだらそれに気づく

子どもの行動や様子を見たとき、自動的に湧いてくる思考に目を向けるよう心がけてみてください。それによって、自動思考と、そのあとに湧いてくる感情を分けられるようになります。

MEMO

子どもにも自動思考がある

「子どもがいったい何を考えているのかわからない！」と腹立たしそうに、でも悲しそうに話す保護者のかたがたくさんいます。まず、「子どもにも自動思考というものがある。過去の体験から勝手に浮かんできて、感情を誘発したり、次の行動を促したりする」ということを知っていると、一方的な決めつけや問い詰めが減ります。すると、子どもとの関係が変わってきますよ。

基盤となる考え方を基にして3つの係に取り組もう

「どうしていつもケンカになるんだろう」「言われたらすぐに勉強すればいいのに、なぜやらないんだろう」「何度も言っているのになんで同じことをくり返すんだろう」と、うんざりしたり、イライラしたりすることはありませんか？　そんなときは「円環的因果律」「ポジティブな例外」「認知行動療法」の3つの考え方を思い出してみてください。

これらの考え方をベースにして、保護者の皆さんに子どもと向き合ってもらった結果、「子どもにどう向き合ったらいいのかわかった」「子どもに対していい・悪いで考えなくなったから話がしやすくなった」「子どもの行動を見守れるようになった」「伝え方を変えたら全然違う結果になって驚いた」「子どものためにと思って始めたけど、結果的に自分の悪い癖を和らげる方法が見つかった」という報告をいただいています。

1つ問題があるとするなら、この「実践」が本当に難しいということです。私も15年以上かかって、やっと意識せずに実践できるようになりました。**練習すればするほど上手になるので、焦らずじっくり取り組んでみてください。**

この基盤となる3つの考え方を知ったうえで、前述の「消しゴム係」「ヨイショ係」「生徒係」の3つの係に取り組むと、目の前の子どもに必要なことが見えてきて、いろいろな試行錯誤ができるようになります。

基盤となる3つの考え方が根っこにある

M E M O

目の前の子どもに合った対策の見つけ方

基盤となる3つの考え方を踏まえたうえで、3つの係（消しゴム係・ヨイショ係・生徒係）に取り組むと、「こうしたらどうだろう」「これをやめてみたらどうだろう」といった対策が次々思い浮かんでくるはずです。それらを実際に試すことでデータ（上のイラストの葉）が集まり、目の前の子どもに適したオリジナルの対策（上のイラストの実）が見つかっていきます。

column 3

思春期はそれまでの関わり方のテスト結果

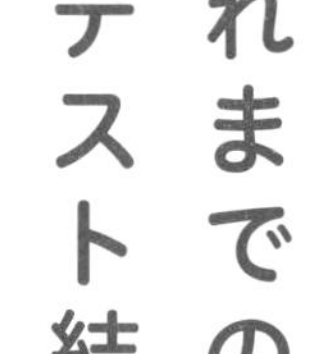

いろいろな生徒を見ていて、**思春期に入るまでに育てておくことが大切だなと思うのは、「人に対する信頼感」です。**多くの生徒が、大人である私と接して、話をして、勉強に取り組みます。このとき、私の話が聞ける、「やってみて」と言われたことができるというのは、保護者の皆さんが「人は信頼できる」ということを、しっかり子どもに伝えているからなのです。保護者の皆さんには、生徒のがんばりとともに「人を信頼できるように、今までしっかり育てられてきたことが伝わってきましたよ」とお伝えしています。

「大人の話を聞く、指示に従う」のは当たり前だと思われるかもしれませんが、その土台として「人に対する信頼感」をもっている必要があるのです。これがないと、子

ども自身が安心・安全を感じられず、勉強がままならなくなったり、学ぶ意味を感じられなくなったりします。

人間は、無防備で歩くこともままならない1年の間に、保護者（心理学ではよく養育者といいます）とたくさんのやりとりをする中で、社会性の種を育んでいるといわれます。赤ちゃんであれば、泣くことに対してどのくらい保護者の応答性が高かったかで「人に対する信頼感」がつくられます。

保護者の応答性が高いと、自分は存在する価値があり、存在を示す発信をすると誰かが応答してくれるという確信、いわゆる自信の基盤がつくられます。これが基本的信頼感です。**生まれたときから培ってきたこの信頼感が、勉強するという場面で下支えとなってくれるのです。**

もう1つ、**私が思春期の生徒と関わっていて大切だと感じるのは、「自分の考えを言葉で伝えられること」です。**これは簡単なようで、実は難しい。

自分の考えや気持ちは、ほとんどの子どももがもっているものです。ただ、それをアウトプットする練習が少ない、もしくはアウトプットしても否定、訂正された経験が多いと、自分の気持ちを表現することに対して抵抗感や不安が生まれ、抑圧する経験ばかりふえていきます。

自分の考えを口にせず、人に合わせたり、流されたりしてばかりいると、自分で決めたり考えたりしなくていいし、人と対立することも少ないので一見楽ですが、その結果、自分の考えや気持ちがどんどんわからなくなってしまいます。

思春期は特にいろいろなことを考える時期でもあります。子どもが落ち込んだり、自己卑下をする言葉を言ったりすることもあります。元気になってほしくて、「そんなことないよ！」「よくがんばっているよ！　気にしなくていいよ！」と励ましたり、アドバイスしたりすると、幼児や小学校低学年であれば「大人が言うんだからそうかもな」と納得しても、小学校高学年になると「本当にそうかなぁ」となり、「どうして私じゃないのにそんなことが言えるの？」となり、「わかってもらえない」「どうせ言っても無駄だ」となります。

保護者の皆さんには、思春期に入る前、子どもがもっと小さいうちから**「最後まで子どもの話を聞く」「否定せずに気持ちや考えをそのまま受け止める」「少しずつアドバイスを減らしていく」**練習をするようおすすめしています。それによって、少しずつ自分の考えを自分の言葉で伝えられるようになっていきます。

これらには「子どもが失敗する権利を奪わない」ことも含まれます。失敗したら、リカバーする方法を教えてあげてください。「お茶をこぼさないように飲んで！」ではなく、「お茶をこぼしてしまったら、ふけばいいんだよ」と教える。「1回試してみてうまくいかなかったら、どうすればいいか一緒に考えよう」とお試し期間を設けて、うまくいかなかったことは修正していく。そうすることで、結果的に子どもは自分の考えをもつことができるようになります。

子どもは失敗したら傷つくのではなく、失敗したことによって見放されたときに傷つくのです。思春期は単に反抗したい時期でも、難しい時期でもなく、そこまでの関わり方が顕在化する時期だと私は考えています。

Chapter 4

宿題別 学習サポートのコツ

毎日の宿題には、
それぞれ学習サポートのコツがあります。
ちょっとした工夫をするだけで
子どもの負担が減り、
勉強がスムーズに進みます。
このChapterでは、
宿題別の具体的な学習サポートの
コツについてご紹介します。
毎日の宿題で
すぐに役立つコツが満載です！

算数 計算ドリル

助手になって負担を減らす

計算ドリルは、式を書いたり、筆算の線を引いたりする作業が負担になることが多いので、**消しゴム係（38ページ参照）と同じように線を引く係をしたり、問題番号を書いたりして、子どものやることを減らしてあげます**。あらかじめ担任の先生に保護者がサポートする旨を伝えておくと、子どもが安心できることもあります。そもそもノートに書かれることが嫌な子には、定規を当ててあげたり、消しゴムを渡したりするなど、手術をする医師の助手のような立ち位置でサポートしてあげてください。

私はよく向かい合わせに座って逆方向から線を引いたり、問題番号を書いたりしてサポートします。ちょうど子どもが書いた字のようになるので、あまり嫌がられません。「どう？　似たような字が書けた？」と冗談を挟みつつ進めます。**宿題がはかどらない子も、こういうちょっとしたサポートがあるだけでずいぶん違います**。計算は位がそろっていないと間違えやすくなるので、グレーのペンや鉛筆で薄く縦に線を入れてあげてもいいでしょう。計算の手順を忘れてしまう子には、手順書を付箋に書いて見やすいところに貼り、今自分が何をやっているのか確認できるようにします。言葉で言われたほうがわかる子には、声に出して次の作業を教えてあげます。いくつかの方法を試してみて、「どれがやりやすかった？」と子どもに聞いてみてください。

手順書や声がけで手順を確認する

手順書や声がけで、子どもが今、自分がやっている作業は何かを確認できるようにサポートします。子どもにとって好みやわかりやすさが違うので、子どもにどの方法がよかったか必ず確認するようにしてください。

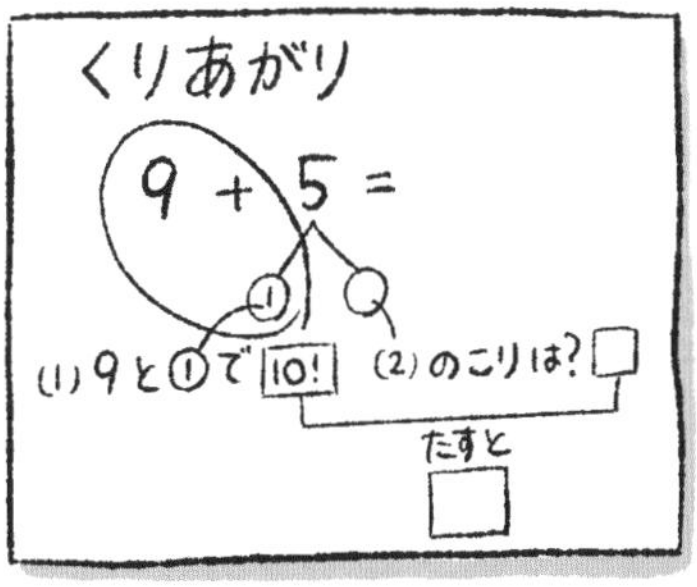

定規で線を引いてあげる

筆算の線を引くのが負担になっていることが多いので、「線を引く係をやろうか？」とひと声かけてみるといいでしょう。位を間違えて計算ミスする子には、位ごとに縦に線を入れてあげてもいいですね。

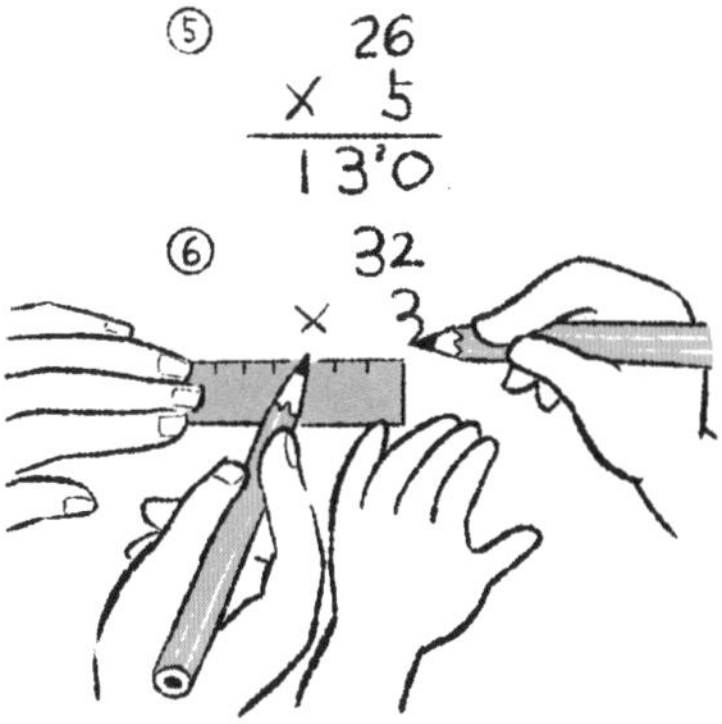

Q&A いつも手伝っていると、自分でやらなくなりませんか？

子どもにとって大切なのは、目の前の課題に集中することです。子どもの脳は複数のことを同時に進めるマルチタスクが苦手です。大人の目からは簡単に見えることでも、2つ、3つのことを同時にこなさないといけない場合は混乱したり、うまくいかなかったり、眠くなったりします。様子を見ながら少しずつ子どもに手渡していきましょう。焦らず、慌てず、1つずつです。

算数 文章題プリント

子どもを観察してつまずきポイントを探す

文章題とは、問題文が文章で書いてある問題を指します。たとえば1年生だと、「たろうくんのまえには3人のおともだちがいます。たろうくんのうしろには5人います。たろうくんはうしろからなんばん目でしょう」といったもの。高学年になると、「80gの水に20gの食塩をとかして食塩水をつくりました。この食塩水の濃度は何パーセントですか？」といった割合や、面積、比例・反比例の文章題プリントが宿題として出ます。

まず、**「何がわかっていて、何がわかっていないのか？」を把握するため、子どもをよく観察しましょう。**式や筆算をどのように書いているか、計算のやり方はわかっているか、10のかたまりで位が1つ上がる10進数の仕組みはわかっているかなどを観察していると、どんな対策が必要かわかってきます。「足すかなぁ、引くかなぁ」といったひとり言にも注目すると、問題文にある数字を取り出して勘で式をつくってしまっているのか、問題文の読み解き方に問題があるのか、つまり「どこでつまずいているのか」がわかります。

問題文を自分で音読したらわかる子、大人が問題文を読んであげると理解できる子もいます。問題文に書いてある状況を頭の中で想像するのが苦手な子は、ペットボトルのキャップやミニカーなど、具体物を使って考えると理解できたりするので、ぜひ試してみてください。

問題文を読んであげると理解できることも

文字を読むだけでワーキングメモリが足りなくなってしまう子の場合、大人がかわりに問題文を読んであげると理解できたりします。子ども自身が音読すると、どこでつまずいているのかがわかります。

読むね
「たろうくんの
まえには…」

式の書き方やひとり言に注目する

式や筆算の書き方を手がかりに、何がわかっていて、何がわかっていないのかを把握します。解いているときのひとり言にもヒントが隠れているので、目と耳で注意深く子どもを観察してください。

えっと…
5つと3つを合わせて
から…
お、足すのは
わかっているな

MEMO

助詞を省略しない声がけを

文章題をきちんと理解するには、助詞（てにをは）を体感としてつかんでいることが大切です。助詞は普段の会話で省かれがちですが、できるだけきちんと入れて話しかけてください。たとえば、「食器、シンク持っていって」ではなく、「この食器をシンクに持っていって」と言うようにします。音読ができるようになると理解が進む子もいるので、音読の機会をふやすのもいいですね。

算数 計算カード

カードをめくってサポートする

小学校低学年の宿題の定番が計算カードです。はじめは1桁の足し算・引き算から始まり、くり上がり・くり下がりのある足し算・引き算、2桁の足し算・引き算、そして2年生では九九が加わります。ここで**しっかり練習できると、計算ミスが減ったり、時間に余裕ができたりと、高学年になって複雑な計算をするときにじわじわと効果が出てきます。**

でも、計算カードの宿題って嫌いな子が多いのです。特に発達障害の中でも発達性協調運動障害（62ページ参照）があると、カードをうまくめくれません。カードをめくることが負担になって嫌がる場合は、保護者がフラッシュカードのようにカードをめくってあげるといいでしょう。

焦りでうまく計算できないこともあります。たいていの人は、焦らされて緊張感が高まると課題がうまくできないものですが、発達障害のある子どもたちはなおさらです。「早く答えなくちゃ！」と思うと、さらにミスがふえます。まずはカードを順番に並べて、「答えられた！」をふやしていきます。次に順番をシャッフルして、緩やかに難度を上げていくといいでしょう。計算カードは種類によってまちまちですが、だいたい30枚くらいあります。カードが少なくてもやらないよりはマシなので、カードを10枚だけ抜き取って机に置き、それに答えるというのもいい方法です。

緩やかに難度を上げていく

最初は計算カードの枚数を絞り、「1＋1、1＋2、1＋3」と順番に並べたところから始めます。覚えるくらいになったら、次はランダムに並べたりして、少しずつ難しくしていきましょう。

かわりにめくって負担を減らす

指先が不器用でカードをめくるのが嫌になってしまったり、脳に負担がかかってうまくめくれなかったりすることがあります。そんなときは大人がかわりにカードをめくり、計算に集中できるサポートをしましょう。

Q&A

やる気をキープできる方法はありますか？

計算カードはスモールステップで進めることが大切です。一足飛びにせず、少しずつ難度を上げることで、やる気をキープしてください。また、ゲーム的な要素を加えると楽しく取り組めますよ。くじ引きのように子どもに引いてもらう、サイコロ（10面あるサイコロを使うこともあります）を振って出た数の枚数をやるなど、5枚でも10枚でもいいのでやってみてください。

国語　漢字ドリル

書く道具やノートをかえる

漢字ドリルの宿題は、握力の弱さや不器用さがある場合、鉛筆だと細くて手が滑り、「字が汚くなる」「マスに入らない」「イライラして進まない」ということが起こります。そういうときは、書く道具をその子に合ったものにかえると、できなかったことができるようになったりします。

私が試したのは、**鉛筆ではなくシャープペンシルを使うこと**。握力が弱い場合は、太めの鉛筆や鉛筆ホルダーを使うこともあります。感覚過敏でノートがピカピカして見える場合は、**色つきのノートにすると緩和されることも**。マスが小さくて書きづらいときは、**マスの大きいノートにかえます**。

上下に分かれた漢字を書くときに、上を大きく書きすぎて下が詰まってしまったり、マスの真ん中から書き始めて右のスペースがなくなったりしてしまう場合は、目の動かし方や図形を認識する力の弱さが影響しています。これらは**マスを色分けしたり、グレーのペンで書き始めの点を打ってあげたりすると改善することも**。4つのマスを違う色で塗ると、「ピンクのお部屋から始めて、青のお部屋に真っすぐ進むよ」とガイドすることができます。

特別支援学級ではなく通常学級の場合、直しが重なって漢字嫌いになったり、直されることを懸念して何度も書き直して宿題が進まなかったりすることも。その子ができることを超えている場合は、先生に相談してみましょう。

漢字ノートのマスに色をつけてみる

字の大きさが偏ったり、はみ出たりする場合は、漢字ノートのマスそれぞれに色をつけます。「はじめに注目するのはこの色だよ！」とわかりやすくガイドすると書きやすくなります。

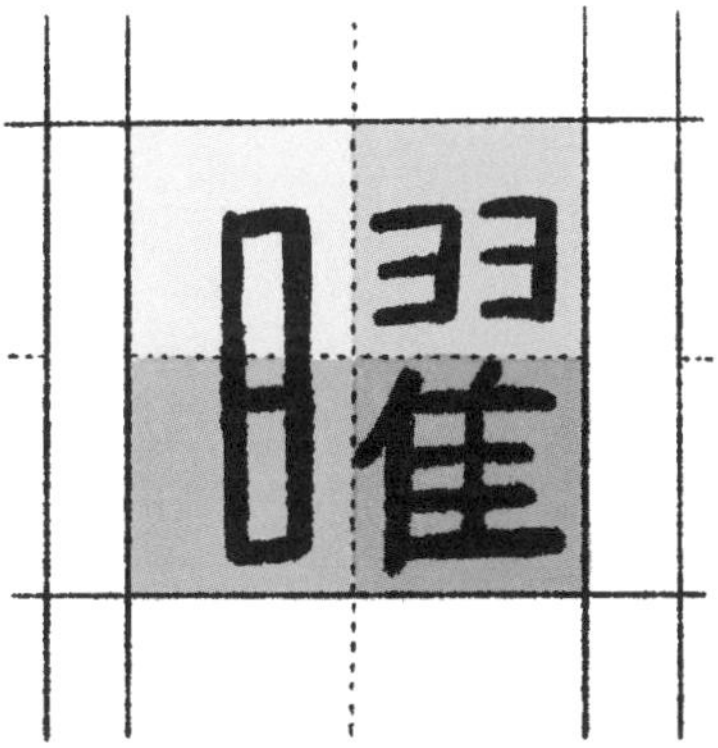

鉛筆をシャープペンシルにかえてみる

学校ではシャープペンシルは使えませんが、おうちではじゃんじゃん使ってください。0.9㎜以上の太めの芯がおすすめ。シャープペンシルの重さによって書きやすさが変わるので、何本か試してみてください。

MEMO

オセロをすると漢字が書きやすくなる!?

漢字にはカタカナのパーツが隠れていることが多いので、カタカナを覚えると漢字が書きやすくなったり、覚えやすくなったりします。カタカナに多く使われている「斜めの線」を書くのが苦手な子とは、よくオセロをします。オセロで斜めの石が取れるようになると、漢字を書くのが少し楽になっている印象があります。オセロをすることが、斜めに目を動かす訓練になっているのかもしれません。

国語　音読

読みやすくなる道具を使う

定規や自分の指も、文章を読みやすくするための道具になります。専用のルーラーを使ってもいいでしょう。

- **定規を文の横に置いて、今どこを読んでいるかわかりやすくする**
- **読んでいるところを指で押さえたり、なぞったりする**
- **詰まったときに、あいうえお表の該当文字を指し示す**
- **デジタル教科書（デイジー）※を使う**

文節にスラッシュを入れると読みやすくなることもあります。また、「。で交代しよう」「1行で交代しよう」など、ちょっとしたゲーム性を忍ばせると乗ってくる子もいます。先に大人が読み上げて、子どもは指で文字をたどりながら読むのもいいですね。いずれにしても、「ここの単語、ひとまとめに読めていたね」「この字、読むのに慣れてきたね」など、小さな変化を必ずフィードバックすることが大切です。**「回数を重ねるとできるんだ！」という気づきを得られるよう、できるようになったことにフォーカスしてください。**

「何度も音読を聞くのがつらい！」というときは、オンラインでおじいちゃん、おばあちゃんに聞いてもらうのもいいアイデアです。

※紙の教科書の内容をそのまま記録した電磁的記録の教材。視覚障害、発達障害などにより、紙の教科書で学習することが困難な児童生徒の困難を低減させるためであれば使用できる。

音読を聞き飽きたら誰かに助けてもらう

オンラインでおじいちゃんやおばあちゃん、単身赴任のお父さんなどに音読を聞いてもらいます。画面の向こうの家族に喜んでもらえるので、一石二鳥です。

読書をサポートするルーラーを使う

まずは、自分の指や定規で読むところを示しながら読んでみます。読みやすさをサポートするルーラーも各種販売されているので（171ページ参照）、試してみてもいいですね。

MEMO

体を動かしながら読んでみる

音読が苦手で、漢字がまじると詰まってしまう場合、体を動かしながら音読するとうまくいく場合があります。私の教室に来ていた生徒で、トランポリンを飛びながら文章を読んだらスラスラ読めた子がいました。身体能力の高い子だったので、体を動かしたことで文字が読みやすくなったのか、緊張が解けたのか。理由は定かではありませんが、彼のうれしそうな顔が忘れられません。

国語　作文

ノートの下にマインドマップを書く

子どもの脳は大人よりも短期記憶貯蔵庫（ワーキングメモリ）が少ないのが特徴です。ただでさえ考えることが多い作文は、ワーキングメモリの働きが弱い発達障害のある子どもたちにとって、なるべくやりたくない宿題のひとつです。作文を書くときには以下のプロセスが必要になるため、ワーキングメモリがすぐいっぱいになってしまいます。

❶書きたいことを思い浮かべる（画像や映像であることが多い）
❷❶にふさわしい言葉を考える（話し言葉と違うからややこしい）
❸❷で考えた言葉を使った文章を思い浮かべる
❹作文のルールを思い出しながら書く

そのため、子どもが作文に書きたいことを聞き、要点をメモしてあげるのもいい方法だと思います。そのメモがあれば、作文を書き始める際の負担がある程度軽減できるはずです。

作文を書くサポートをする際、私が活用しているのがマインドマップです。子どもに作文に書きたいことを話してもらい、キーワードをマインドマップに書き留めます。こうしてキーワードを書き留めておくと、子ども自身が覚えておく必要がなくなるので脳の負担が減ります。タブレットやスマホに音声入力するのもいいですね。

作文用マインドマップの書き方

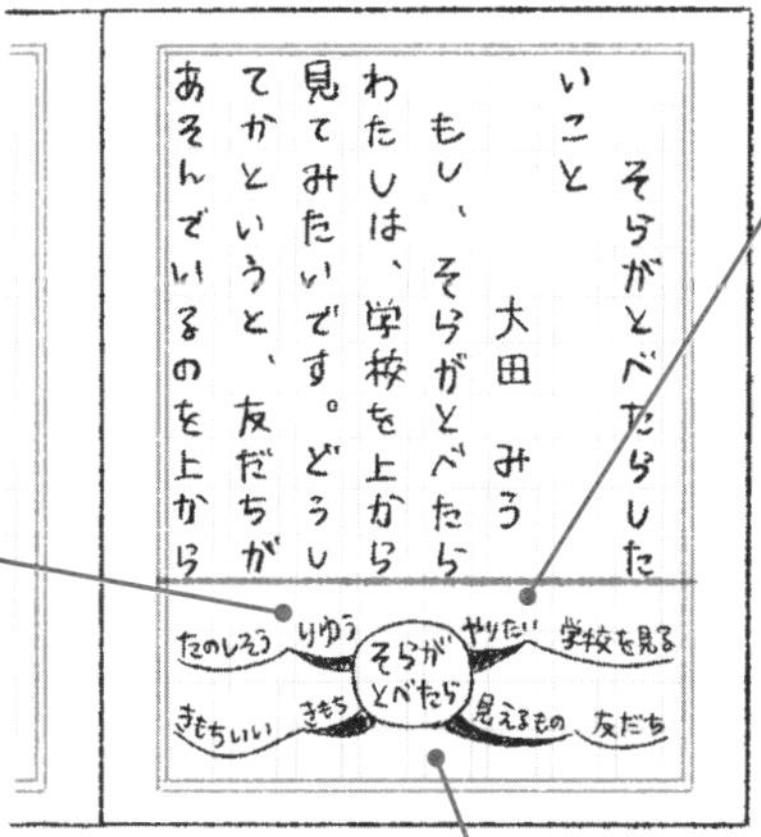

質問項目を書いておく

あらかじめブランチに質問項目を入れておきます。それに答えていけば、作文の骨組みができ上がります。

ブランチが段落になる

ブランチが段落にあたるので、「どれから書く？」と子どもに聞きながら、ブランチごとに段落を分けて書いていきます。

マインドマップエリアをつくる

作文帳の下1/3のスペースをマインドマップエリアにします。マインドマップを見ながら作文が書けて便利です。

MEMO

マインドマップは子どもでも書ける！

マインドマップとは、中央のテーマから連想するアイデアや思考を「ブランチ」と呼ばれる線上に書いたもの。頭の中を言葉にして見える化することで、考えを整理できるようになります。言葉をポンポン書くだけでいいので、子どもでもすぐに書けるようになります。

column 4

子どもを勉強嫌いにさせないために

子どもが特定の教科を「嫌い」「苦手」と思い込んでしまうと、勉強そのものが嫌いになってしまうおそれがあるので、早めにその芽は摘んでおきたいですよね。特にADHDで不注意傾向が強い子は、不注意によるミスによってその教科自体を嫌いになりがちです。「嫌い」「苦手」という思いが固定化する前に、どうして間違ってしまったのか、子どもに話を聞いてみるとヒントが見つかるかもしれません。

ある子がテストの結果を見て、「算数が苦手」と言ったことがありました。話を聞いてみると、その子は「点数が低い＝苦手」と思っている様子。そこで、「間違えた問題を読んでみて」と言ったところ、あらためて問題を読んで、「あ、問題をちゃんと読んでいなかった」と気づきました。別の間違えた問題も同じように読んでもらうと、読み間違いや勘違い、選択肢をよく見ていないことが原因で間違えていたことがわかったのです。「算数が苦手」と自分にラベリングしてやる気を失っていましたが、途中から「問題を読むのが苦手」という認識に変わっていき、最終的に「問題をちゃんと読もう」という前向きな姿勢につながりました。

このとき私は、**「嫌い」「苦手」というのは、案外勘違いから始まるものだということに気づきました。「嫌い」「苦手」という気持ちを分解してみると、教科の内容とはまったく違う要素でつまずいている可能性もあります。**そして、そのほとんどが手続きや手順の問題だったりします。その子がどこでつまずいているのか、そこを改善するにはどうしたらいいかを見つけることによって、教科自体を嫌いにならないことが大切です。

「○○が苦手」という子どもの言葉に「そんなことないよ！」と否定したり、正論をぶつけたりするのではなく、気持ちを受け止めつつ、「そう思ったのはどういう理由があるの？」「何を見て、そう思ったの？」など、「なぜそう感じるのか知りたい」という姿勢を見せましょう。そうすることで、子どもが自分自身を見つめる機会を得ることができます。

column

5 英語はディスレクシアが出やすい

実は、**英語は日本語よりもディスレクシア（文字の読み書きに困難が出る学習障害）が出やすい言語だといわれています**。日本語での読み書きが特に問題がなくても、英語になると文字を取り間違えてしまう、なかなか単語が覚えられない、読めないということが起こります。私の教室に来る生徒にも、そういう子が多くいます。

アルファベットでは、bとdを間違える子が多くいます。数学でもよく使う文字なので、ぜひとも覚えておきたいですよね。

親指と人さし指で丸をつくってほかの指を伸ばすと、左手はb、右手はdの形になります。その手をベッドに見立てて、上に人が寝られるようにするには左手がb、右手がdである必要があります。これを「bed」のスペルと関連させて覚えてもいいですし、左からアルファベット順に並ぶことから覚えることもできます。

単語の読みが難しい子には、フォニックスをおすすめしています。フォニックスは、アルファベット1文字につき基本的な1音を対応させてそれを組み合わせて読んだり、聞き取ったりする方法です。

なかでもジョリーフォニックスという学習法は、書いたり発音したりして覚えるだけではなく、お話や音楽やアクションを加えて覚えることができるので、ほとんどの子が読み書きできるようになります。

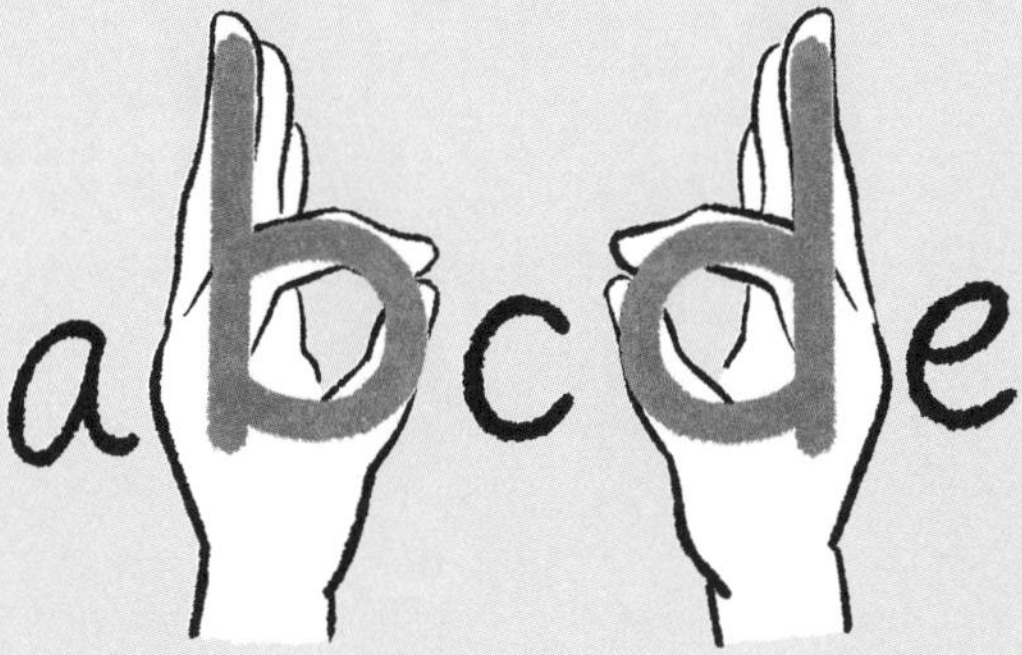

Chapter

5

長期休みの計画表づくりと学習サポート

学校がない長期休みは強制力がないため、
リズムが崩れがちになります。
特に発達障害のある子どもは、
見通しを立てる、
計画的に課題をこなすのが苦手。
そこで、目で見てわかる計画表をつくり、
宿題をやる時間が
どのくらい残っているのかを
把握できるようにします。
このChapterでは、
長期休みの計画表づくりの方法と、
それぞれの宿題の対策をお伝えしていきます。

計画表づくり❶

やることをすべてリストアップ

計画表づくりには全部で3ステップあり、1～2日かかります。ここをがんばると、あとが楽になります。子どもの集中力と相談しながら、それぞれのペースで進めてみてくださいね。まずは、**子どもと一緒に作戦会議をします**。作戦会議は長期休みの初日までに行うのが理想ですが、すでに休みに入っている場合はなるべく早く行うか、「○月△日に作戦会議をするよ！」と予告して、その日からスケジュールが変わることを伝えておきましょう。

作戦会議では、**「やらないといけないこと」と「やりたいこと」をリストアップします**。子どもは休みでも、保護者は予定や仕事が入っていることもあるので、「この日はお休みだからプールに行けるよ」「新学期のためのお買い物はこの日に行こうね」など、保護者が提供できる時間を伝えます。「子どもにとって楽しい予定も十分盛り込んであげると、「お休みを楽しむために、宿題はやっておいたほうがいいよね」という言葉にも説得力が出ます。強い意思をもたないと、家というリラックスする場所で、学校の時間割のように決まった1日を過ごすことはできません。しかも計画を立てて、そのとおりに実行するなんて、大人の私たちでもなかなかできないことですよね。発達障害のある子どもたちは、見通しを立てるのが苦手です。「計画的に」というならば、まずその計画の立て方から教える必要があるのです。

マインドマップに やることをまとめる

リストアップしたら、マインドマップにまとめるのがおすすめです。行きたいところ、やりたいこと、帰省の予定、習い事、それから宿題もブランチごとに書いていきましょう。

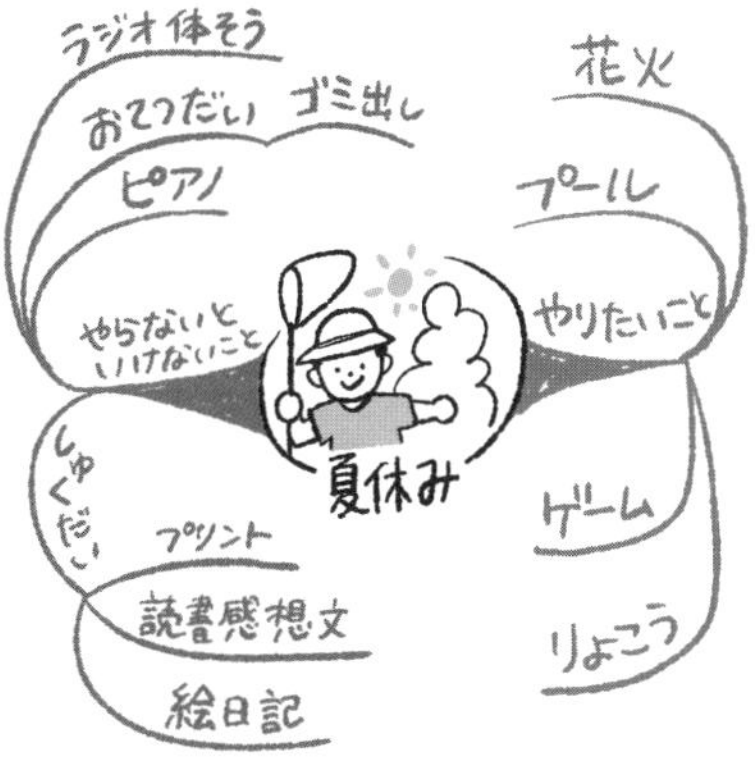

計画表づくりは 全部で3ステップ

計画表づくりはけっして楽ではありません。でも、ここでがんばっておくとあとが楽になります。子どもの集中力が切れたら中断しつつ、3ステップで進めていきましょう。

MEMO

作戦会議に集中するためのアイデア

長期休みにやるべきことをきちんとこなすために、作戦会議はとても重要です。家だとゲームが気になったり、友達が急に遊びに来たりして気が散ることがあるので、ファストフード店やファミレスなどに連れ出して作戦会議をするのもいいアイデアです。「1時間でここまで決めよう！」と終わり時間を決めておくと、発達障害のある子にとって取り組みがスムーズになります。

計画表づくり❷

やることを4つのグループに分ける

テーブルに宿題を全部出し、工程が複雑な「大物系宿題」（読書感想文や自由研究など）と、プリント集やワークブックなどの「コツコツ系宿題」の2つに分けます。任意で取り組む課題や選択課題（複数の課題の中から1つ選ぶ）も、この段階で選んでおきます。**大物系宿題については、この段階で目標設定をしておくことが大事です。**「賞をとる」を目標にする場合は、それぞれの工程に丁寧に時間をかけて取り組む必要があり、スケジュールが変わってくるからです。

次に、すべての宿題を1時間（もしくは1日）でできる単位に分け、付箋に書いていきます。「ワークブック○ページ」「読書感想文を書く本を決める」などです。**特に大物系宿題がどんな工程を経て仕上がるか、それぞれの工程にどれくらいの日数や時間がかかるかを割り出すことが大事です。**骨の折れる作業ですが、長期休みの宿題計画で最も重要なプロセスです。117ページのマインドマップに書いた「やりたいこと」や決まっている予定（習い事、遊びなど）も付箋に1つずつ書いていきます。次にA4サイズの紙を用意して左ページのイラストのように、縦軸に「1人でできる」と「誰かと一緒にやる」、横軸に「すぐできる」と「時間がかかる」を書き入れ、4つのエリアに分けます。そして、書いた付箋をそれぞれのエリアに分類していきます。

付箋を4つのグループに分ける

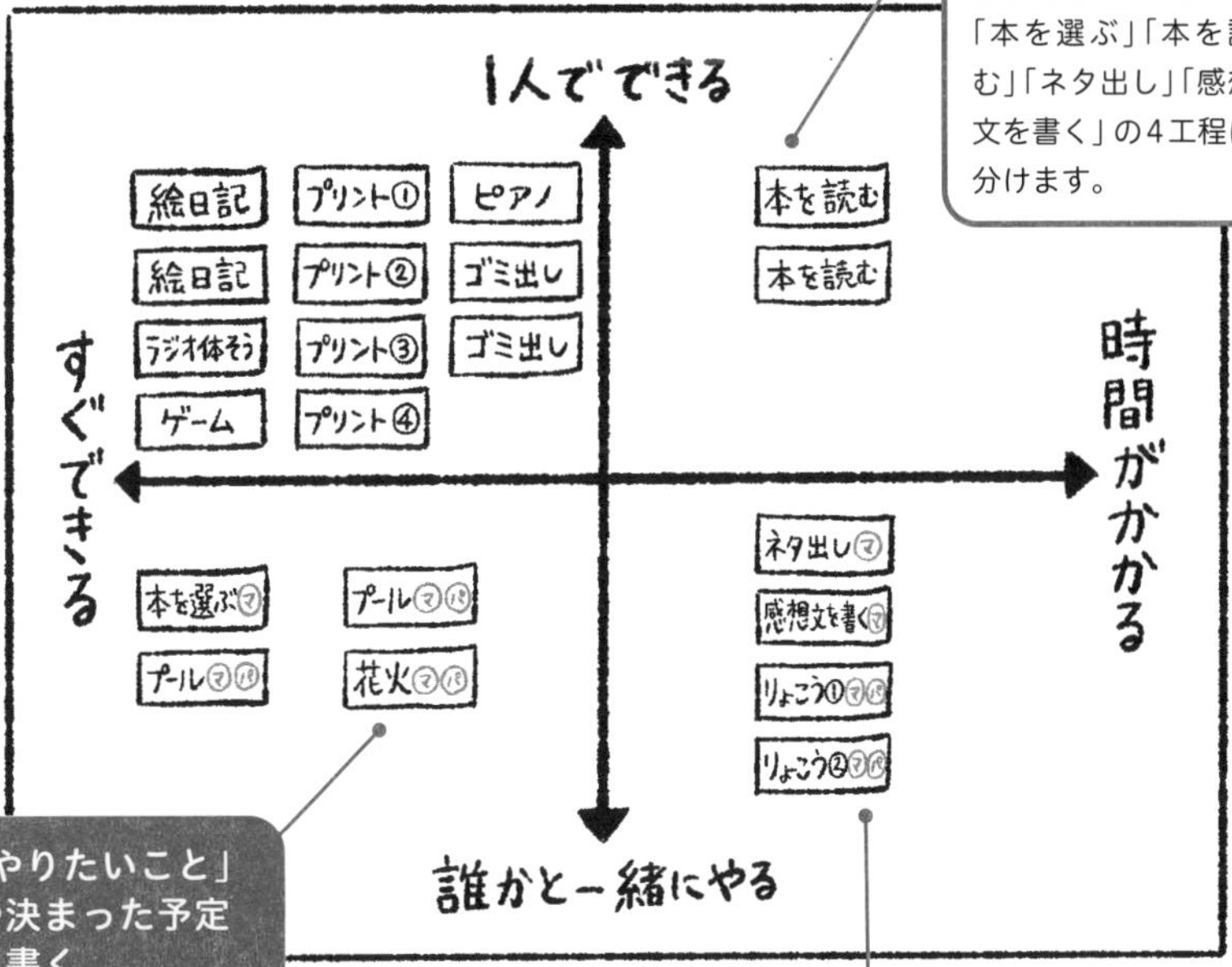

大物系宿題は工程を割り出す

読書感想文の場合は「本を選ぶ」「本を読む」「ネタ出し」「感想文を書く」の4工程に分けます。

「やりたいこと」や決まった予定も書く

「やりたいこと」も付箋に書き、4つのエリアに振り分けます。遊びの中でも子どもは成長していきます。楽しい予定も積極的に採用しましょう。

一緒にやる人をマークで書く

「誰かと一緒にやる」のエリアの付箋には、それぞれ一緒にやる人をマークなどで書き入れます。たとえば、お父さん「(パ)」、お母さん「(マ)」など。

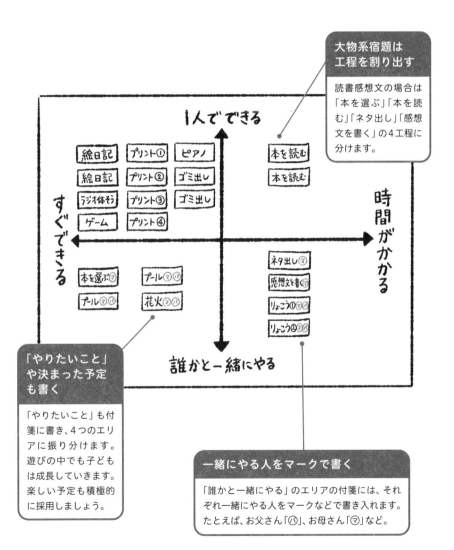

計画表づくり❸

計画表に付箋を貼って仕上げる

ついに計画表づくりの最終工程です。計画表の紙に❷の付箋を貼って仕上げていきましょう。計画表は、ネット上にA4サイズで使える無料のデータがあるのでプリントアウトしておきます。**中長期の計画を立てるときに使われるガントチャート（縦軸に項目、横軸に日付）や週間バーチカル（1週間1枚で、縦軸に時間、横軸に日付）が見やすいのでおすすめです。**

計画表に、まず長期休み分の日付を入れます。そして、「やりたいこと」や決まっている予定の付箋を貼っていきます。次に、宿題の付箋を貼っていきます。「誰かと一緒にやる」のエリアにある付箋は、その人と一緒にできる時間に貼る必要があります。保護者から見たら、「3日でプリント1枚だと終わらない」などとわかっていても、子どもは「大丈夫！」と言い張ることがあります。まずは子どもの計画どおりに付箋を貼っていきます。最終的に付箋が残ったら、「これだと宿題が終わらないいね。どうしようか？」と持ちかけましょう。自分で「これだと終わらない」と実感することが大事です。

こうして予定を埋めていくと、残りの時間が明確になります。**この「残りの時間が見てわかる」状態にすることがとても大切です**。付箋は予定が変わったときに気軽に移動できるのが利点ですが、はがれやすいので、クリアファイルに1週間分が見えるようにして入れておくのがおすすめです。

計画表のつくり方と運用方法

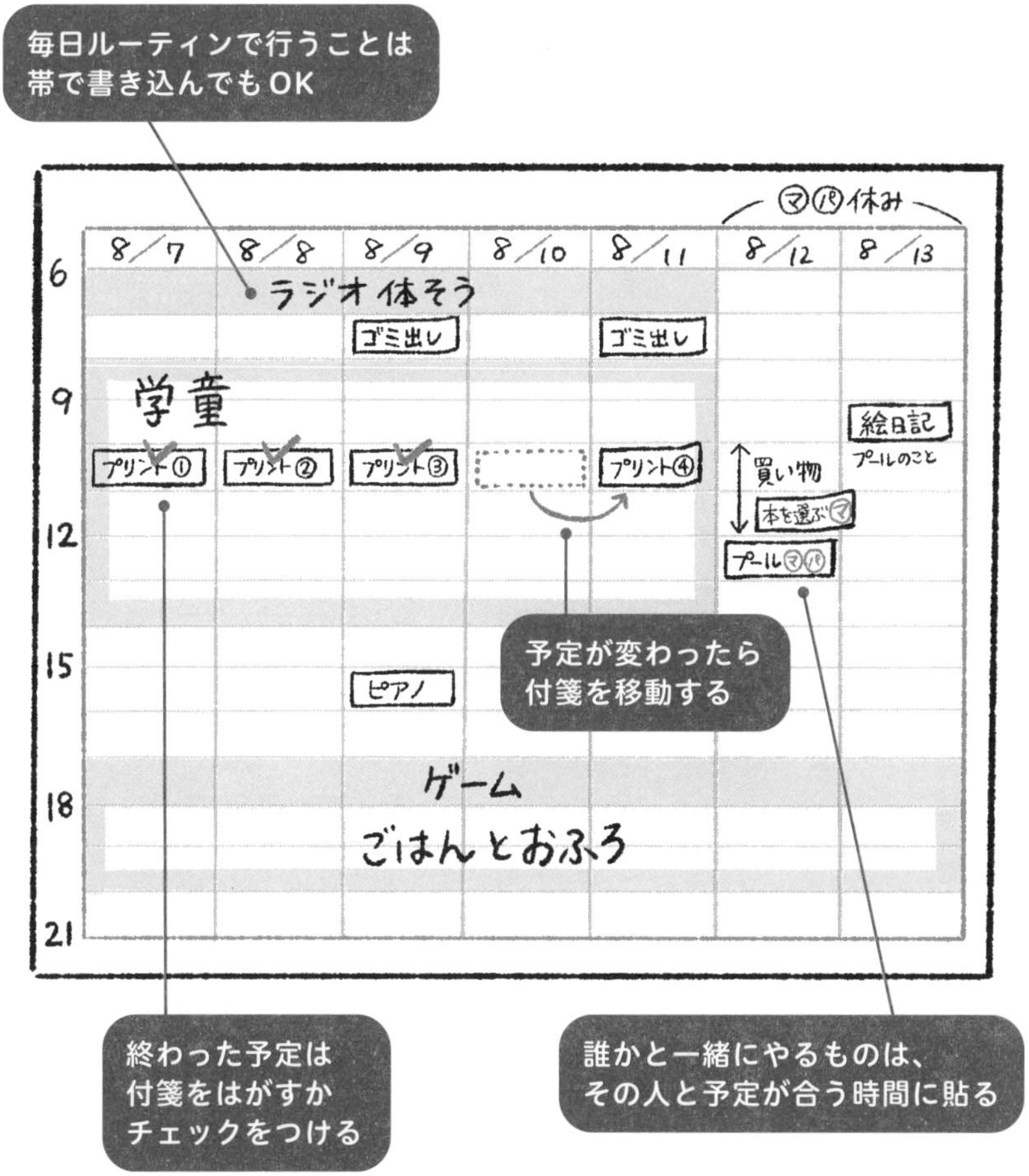

毎日ルーティンで行うことは帯で書き込んでもOK
マパ休み
8/7
8/8
8/9
8/10
8/11
8/12
8/13
6
9
12
15
18
21
ラジオ体そう
ゴミ出し
ゴミ出し
学童
プリント①
プリント②
プリント③
プリント④
絵日記
プールのこと
買い物
本を選ぶマ
プールマパ
ピアノ
ゲーム
ごはんとおふろ
予定が変わったら付箋を移動する
終わった予定は付箋をはがすかチェックをつける
誰かと一緒にやるものは、その人と予定が合う時間に貼る

大物系宿題　読書感想文

「使える」ツールは使って負担を減らす

読書感想文は、基本的に「本を選ぶ」「本を読む」「ネタ出し」「感想文を書く」の4工程で進めていきます。作戦会議のときに、工程ごとの大まかな時間を見積もりましょう。まずは本を選びます。**課題図書が決まっていない場合は、映像作品になっているものや、絵本や簡略版がある作品を選んで、そちらで先に内容をつかんでおくのがおすすめです。**

次はネタ出しです。学校で配られる読書感想文の書き方のひな型には「どうしてその本を選んだか？」「いちばん心に残った場面は？」「どうしてそこが心に残ったのか？」「どのようなことを考えたか？」「どんな気持ちになったか？」「その気持ちは、自分のどんな経験と似ているか？」「この本を読んで、これからの自分はどう変わりそうか？」といった質問がのっています。ひな型がある場合は活用し、ない場合は前述の質問を参考にしてネタ出しをしてもいいでしょう。**質問されることによって、考えが引き出されていきます。**

ネタ出しのときに、質問に対して子どもが話していることを保護者が聞き取ってメモしたり、マインドマップにまとめてあげたりすると、そのあとがスムーズです。音声入力を活用するのもいいですね。ひと通り聞き取ったら、その付箋やメモを見ながら書く順番を考えて、感想文を書いていきます。

とにかく「使える」ツールは使ってしまうのが、うまくいくポイントです。

質問によって書くネタを引き出す

質問をしていくことで、本をきっかけに子ども自身が考えたこと、感じたことが引き出されます。質問に対して子どもが話した内容をメモやマインドマップにまとめていきます。

映像作品になっている本を選ぶ

映像作品になっている本を選ぶと、内容を把握しやすくなります。映像を見たあとだと、本の内容も負担なく読むことができます。「使える」ツールは使ってしまえばOK!

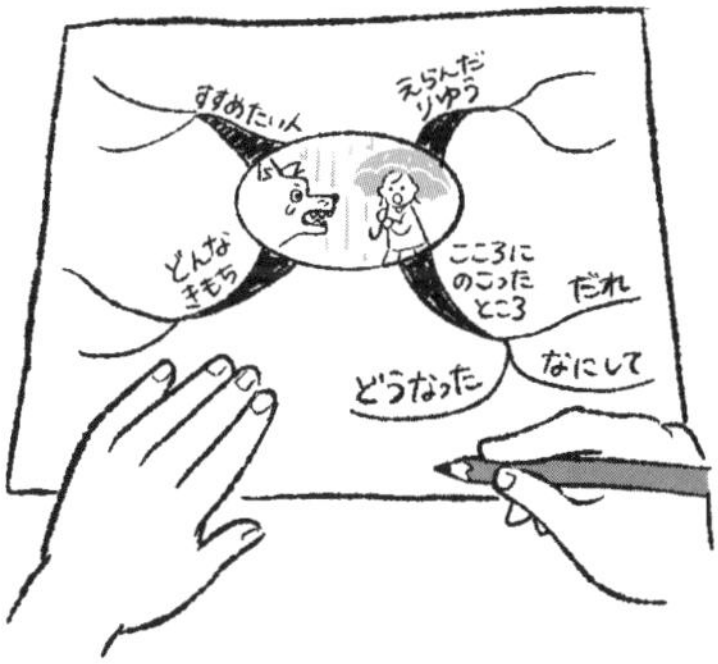

MEMO

「な」「た」「も」「だ」で作文が書ける!

私は、作文表現教育の第一人者である宮川俊彦先生が著書の中で紹介している方法で指導しています。段落ごとに「なぜなら」「たとえば」「もし」「だから」の中のいくつかを使って話を展開していくのです。たとえば、本を選んだ理由について述べたあとに「なぜなら～」「だから～」、いちばん印象的だったところを書いたら、「なぜなら～」「たとえば～」と続けていくと、作文ができ上がっていきます。

大物系宿題　自由研究

子どもにとって「できる」テーマと作業量にする

自由研究は、保護者がかなり関わる必要がある大物系宿題で、子どもにとって「できる」テーマと作業量にすることが最大のポイントです。

自由研究の難しいところは、テーマによっては継続して調べものや観察を行う必要があるところです。継続して行う観察学習は何日も何度も同じことをやるので、ＡＳＤ傾向の子はハマるとうまくいくかもしれません。ＡＤＨＤ傾向の子は、同じことをするのに飽きてしまったり、途中で「テーマを変えたい」と言いだしたりするので、1日か2日で終わる調べ学習をすすめています。小さいものを顕微鏡で観察して絵を書いたり、気になったことを調べたりするのがおすすめです。

テーマを決めたら、仕上げるまでにどんな工程が必要か、それぞれの工程でどれくらいの時間や日数が必要かを割り出します。興味がどんどん移り変わる子の場合は、工程数を少なくし、それぞれの工程で飽きがこない程度の量にします。**その子に合った工程数、こなせる作業量に設定することが大切です**。また、**家族の中で必要な作業に向いている人が担当するのをおすすめします**。その子がすでにたくさん知識をもっているものについて調べるのもいいアイデアです。その場合は、保護者が比較表やカウント表など、書き込むだけのフォーマットをつくってあげると取りかかりやすくなります。

作業に向いている人がつきあう

自由研究は、調査のための表をつくったり、グラフの種類を提示したりと、子どもがスムーズに進められるよう大人がお膳立てする必要があります。それらの作業に向いている人がつきあうのがおすすめです。

子どもの特性に合ったテーマを選ぶ

何度も調査できるのか、やることをはっきり決めて短期で終わらせるほうがいいのか、何かをつくったり試行錯誤したりするのが得意か、その子のがんばれるところに合わせた研究内容にするといいでしょう。

MEMO

子どもの負担をさらに減らすには？

「大人が質問を書いてそれに答える」という方法で自由研究をまとめると、子どもの負担がさらに軽くなります。テーマを決めたら、レポート用紙に保護者が【○○の観察】とタイトルをつけ、次の質問を書きます。①なぜ観察しようと思ったのか、②予想、③実際の様子、④ 調べたことの報告、⑤使った道具・調べ方、⑥わかったこと・さらに調べたいこと。その質問に答えていくと仕上がる仕組みです。

大物系宿題　ポスター制作

過去作品を見せてモチーフや構図を決める

ポスター制作は、意外と骨の折れる手ごわい宿題です。工程は「テーマを決める」「過去の作品を見てイメージする」「キャッチコピーを決める」「構図を決める」「下書きする」「色を塗る」の6つです。

まず、「そもそもポスターとは何か？」を説明する必要があることも。たとえば交通安全のポスターなら、「見た人が『気をつけよう！』って思える絵とメッセージを描くよ」と伝えます。**ネットで画像検索をして、過去の作品を見ながらモチーフやシチュエーションを考えるとスムーズです。**自分以外の誰かの気持ちを想像するのが苦手なＡＳＤ傾向の強い子だと、主旨と外れたものができ上がるかもしれません。そういう子はキャッチコピーを先に考えて、それに合った絵を考えるのがおすすめです。イメージや絵が先に思い浮かぶ子は、絵の下書きをして、キャッチコピーは絵に描いた人やモチーフのセリフをイメージすると思い浮かびやすくなります。

また、発想力豊かなタイプの子の場合、大人が見て「絵とキャッチコピーが合っていないかも？」「描きたいものを描こうとしてるだけ？」と思うような作品が仕上がるかもしれません。キャッチコピーが過激なこともあるかもしれません。提出するのが目標なら、それでよしとするのもありです。子どもが描きたいものを楽しんで描ければ、それでＯＫです。

キャッチコピーは セリフで考える

キャッチコピーは「ここでどんな声をかける？」「この人はどんなことを言ってるかな？」とセリフで考えると簡単です。紙を吹き出しの形に切って、絵の上にのせてあげると楽しみながら考えられます。

画像検索で 過去作品を見せる

ポスターのテーマは抽象的なものが多く、どんなものを描くのかイメージするのが難しいことも。画像検索で作品を見せて、モチーフやシチュエーションをリストアップすると、そこから選びやすくなります。

Q&A

ポスター制作のアドバイスができる人が家族にいません。

忙しい大人にとってハードなポスター制作。どうしてもやりたいと子どもが言う場合は、外注先を決めるのも手です。長期休みには「1日絵画教室」が開かれることもあります。近くで開催されているか探してみてください。ちょっと視野を広げて、使えそうな資源はどんどん使う！　そうやって外の世界へシフトしていくのも、発達障害の子どもを育てるうえで大切です。

コツコツ系宿題　絵日記

楽しい思い出を振り返る場にする

絵日記は、数ある長期休みの宿題の中でも比較的楽しく取り組めるものです。楽しかったことを題材にして描くことが多いので、**そのときのでき事を一緒に思い出しながら、その子ががんばったことをあらためてほめてあげる場にするといいでしょう**。子どものいいところ、成長をほめることに慣れていないかたは、こういうところでぜひ練習してみてください。面と向かってほめるよりも、作業をしながらのほうが伝えやすかったりします。

すぐに取りかかれば楽しくて手間もかからない絵日記ですが、実際の体験から日にちがたてばたつほどおっくうになる傾向があります。そうならないためにも、**作戦会議のときに絵日記に取り組む日をあらかじめ決めておきましょう**。私が今まで見てきた生徒は、2～5日分の絵日記が宿題として出ていました（主に低学年）。描こうと思っているでき事を体験したら、その日のうち、もしくは翌日に絵日記を描く予定を組み込んでおいて、記憶の新しいうちに取りかかります。描く場面をなかなか決められない子は、どんな場面があったかをリストアップして、「どの場面にする？」とその中から選べるようにすると決めやすくなります。

お絵描きが好きな子、こだわりを発揮する子は意外と時間がかかることも。長期休みの中間くらいまでに、予定として組み込んでおきましょう。

描く場面をリストアップする

プールに行ったことを描きたい場合、「プールに行くとき」「流れるプール」「すべり台」「プールからの帰り道」など、どこの場面を描くかリストアップしてあげると、その中から選びやすくなります。

どの日について書くかあらかじめ相談

実際の体験から日にちがたてばたつほど、取りかかるのがおっくうになります。作戦会議のときに絵日記に描くでき事を決めて、その日か翌日に「絵日記」と予定を入れておきましょう。

MEMO

一緒にほっこりした時間を楽しんで

子どもが体験したことをそのまま表現できる絵日記は、「ここを工夫したんだね」「がんばったことが伝わってくるね」「表情がいいね」「楽しかった気持ちを思い出すね」と、その子のいいところ、がんばったところを認めて、そのまま伝えてあげやすい宿題です。それによって、子ども自身も自分を認めることができるようになります。ぜひ一緒にほっこりした時間を楽しむ場にしてくださいね。

コツコツ系宿題 プリント集・ワークブック

普段の宿題を参考にして 1日の量を割り振る

プリント集やワークブックは、長期休みの宿題の中では普段の宿題にいちばん似ています。ただ、長期休みでは一度にたくさん出されるので、その分厚さや量にうんざりしたり、見通しが立たないことに不安を感じたりしてしまうこともあります。**プリント集やワークブックは日ごろの宿題の量を参考にしたり、ページ数を日にちで割ったりして、1日分の量を決めるといいでしょう**。そして、1日分を付箋に書いて、計画表に貼ります。

普段の宿題と違って、子どもにとってはすでに習ったことの復習です。保護者もいつもより3つの係を余裕をもってできるし、「お！　できてる！」と思うことも多いかもしれません。そういうときは、そのまま素直に「できているね」「がんばっているね」と伝えましょう。

これらの宿題は、丸つけをするよう指示されることがあります。丸つけをするときは、子どもと相談して、答えを読む係、聞いて丸つけをする係に分かれましょう。じゃんけんをして決めてもいいですし、子ども自身に決めてもらってもいいでしょう。どちらの係になっても、子どもの聞く力、確認する力を伸ばせるので、無理に子どもに両方まかせなくてもOKです。私自身は、息子をおじいちゃんの家にお泊まりさせるときに「宿題を持っていって、丸つけをしてもらっておいで～」と言って送り出していました。

役割分担しながら丸つけをする

丸つけは、子どもの「聞いたことと書いてある字が合っているかを確認する力」「見て正確に読む力」を伸ばすことができます。役割分担をすると脳のエネルギーを使いすぎることなく、それらを練習する機会がつくれます。

3つの係に徹してサポートする

保護者は普段の宿題と同じように3つの係（36ページ～）に徹します。これまでに習ったことの復習なので、できることも多いかもしれません。「よく覚えていたね」「くり返してやると覚えられるね」など、事実を伝えましょう。

MEMO

プリント集に取り組むときのアドバイス

何枚かのプリントをホチキスで綴じてあるプリント集の場合、綴じたままやるか、分解して1枚ずつやるかを子どもに選んでもらいます。綴じてある冊子のままだと「多い！」「こんなにできない！」と感じる子がいます。そういう場合は、ホチキスの針を外してバラバラにしたほうがはかどります。ただし、保護者の判断でバラバラにせず、事前に子どもに確認してからにしましょう。

column

6 新学年の先生と面談するときのポイント

進学、進級を控えた春休みは、子どもにとっても保護者にとってもドキドキするものです。特に発達障害のある子どもの保護者にとっては、気が休まらない時期かもしれません。

進学、進級どちらの場合でも、前の担任の先生から次の担任の先生に申し送りがされていることがよくあります。気になることがあれば面談をしてもらい、お願いしたいことを箇条書きにして伝えてみてもいいと思います。面談をするときには保護者が全員参加すると、担任の先生に真剣な思いが伝わりやすくなります。

面談のタイミングは4月に入ってから、学校に「面談をしてほしい」と相談の電話をしてみてもいいでしょう。新学年のクラスに少し慣れてから、困ったことが起きてから、というのもありです。

先生にお願いしたいことは、必ず文字にするのがポイントです。そのほうが断然伝わりやすくなります。私が学校での面談に同席させていただく際は、事前に保護者のかたと話し合って、**前年度にうまくいった対応と引き続きお願いしたいことをまとめています。**

うまくいった対応としては、「授業中何をすればいいかわからないときに、先生がそっと声をかけてくれた」「がんばりシールがうれしかった」などの子どもからの聞き取りでわかったことや、「連絡帳に質問を書くとすぐに答えてくれた」「席をおとなしい子の近くにしてくれた」などの保護者にとってよかったこと、気づいたことや助かったことも項目として入れます。

お願いしたいこととしては、たとえば疲れやすい子の場合、「疲れたときは図書館や保健室に行かせてほしい」。それ以外の部屋がもし用意されているなら使わせてほしい」、ほかには、「大きな声が苦手なので、びっくりしたら落ち着ける場所に少しの間いさせてほしい」「授業中ぼーっとしがちだから声をかけてほしい」「提出物を忘れがちなので、黒板に書いてほしい」といった内容が挙げられます。

また、ディスレクシアの子の場合は、学校の授業でタブレットでタイプしてノートを取る許可をもらったり、時間割をタブレットで写真に撮る許可をもらったりしました。聴覚過敏でデジタル耳栓（声は聞こえるが騒音は消える耳栓）を利用するなど、ほかの生徒が持っていないものを持参したい場合は、必ずそれもお願いしたい項目として入れておきました。

ただし、保護者にとってよかれと思って行うことが、子どもにとってよいこととは限りません。**ほかの子と違うことが気になる子の場合は、事前に子どもとしっかり話し合っておくこと、無理じいしないことが大切です。**「せっかく持ち込み許可をもらったのに使わないの？」と保護者のかたが子どもに言うことがときどきあります。学校のほうから「せっかく許可を出したのに」と言われることもあります。そういうときは、発達障害のある子どもたちは実際に体験してみないとわからないことが多いことを踏まえて「お試し」という形をとらせてほしい、とお伝えするようにしています。実際にやってみたら必要なかった、みんなの目が気になって使えなかった、ということがよくあるからです。

知らない場所に行くのが不安な子の場合は、「入学前にあらかじめ地図を見せて、自分の教室だけでなく、職員室や保健室の位置を確認させせたい」と学校に校内の地図の提供をお願いしたこともありました。

放課後デイサービスに行っている場合、支援員は子どもの支援計画を一人ずつつくるので、子どもにとって負担の少ない支援方法をうまく見つけてくれる可能性があります。また、「親の会」という発達障害のある子の親の地域コミュニティで、先輩保護者からアドバイスをもらうのもいいでしょう。スクールカウンセラーに子どもの知能や発達のことも含めて相談したり、面談に同席してもらったりするのもおすすめです。大学などの相談機関で発達検査を受けると、学校での支援の方法をアドバイスしてくれることもあります。これらの資料をまとめて学校に持参してみましょう。

いろいろな保護者を見ていて思うのは、**保護者が不安をため込まないのがいちばん子どものためになっているということです。**そのためにも学校の先生と顔を合わせておいたり、相談先を多くもっておいたり、なるべく「あれ？　こういうときどうしたらいいんだろう」「先生はどう考えているんだろう」と、小さい疑問のうちに確認できる環境をつくっておくことが大切です。

Chapter

6

発達障害のある子が幸せに生きていくために

子どもの頃の勉強は、将来「働く」ための
予行演習のようなものかもしれません。
保護者のかたも
なんとなくそう感じているので、
「勉強がちゃんとできないと、
将来仕事ができないのでは？」と
不安になってしまうのでしょう。
このChapterでは、
勉強の先にある「子どもの将来」
「子どもの自立」のために、
日々の生活を通じて子どもと
どう向き合ったらいいかを考えていきます。

自立して生きていくために必要な「メタ認知」

多くの発達障害のある子どもを「学習サポート」という役割を通じて見てきて、発達障害という特性をもちながらも、社会で周囲の人の協力を得ながら自立して生きていける子には、ある共通点があることがわかりました。

それは、**「自分が今何をやっていて、どう感じているのかに気づいて言葉にできる」ということ。これには「メタ認知」という機能が関わっています。**

メタ認知とは、「自分をモニターで観察する」ようなイメージのことです。自分を客観的に見て、何をやっているか、何を感じているか認知することを指します。

誰かと一緒にいるときの自分の立ち居振る舞いを認知して、よい点や改善点を評価する。何か行動を起こそうと思ったときに、やり方を思い浮かべたり、期限に間に合うか照らし合わせたり、周りの人のやり方をまねしたりする。これらはすべて、メタ認知によって成立しています。

また、自分だけでなく、「人間とはだんだん成長するものだ」「小さい子どもは、大人より知っている言葉が少ない」といった、人間全般、社会全般に関する知識もメタ認知に含まれます。

自分を客観的に見て、自分自身が今何を感じているのか、どんなことを考えていて、これからどうしようとしているのか、もしくは今まさに何をしているのかを認識する。同時に、相手や周りの人はどんなことを考えているかなど、周りの様子も認識する。このメタ認知を使うことのできる力を「メタ認知能力」といいます。

人間が社会の中で生きていくにあたって最も重要となるのが、このメタ認知能力だと私は思っています。**メタ認知能力があれば、自分の幸せを自らの手で選んでいくことができます。そのため、子どもの教育において、メタ認知を積極的に働かせ、うまく使えるようにするための取り組みは欠かせません。**

勉強は、メタ認知の働き具合を知るのに最適なツールです。自分は周りの物事に対してどのように考えたり、感じたりしているのか。苦手なことを行うには、どのような方法や環境が有効なのか。勉強を通じてそれらを知ることで、子どもは自分という人間について少しずつ理解できるようになります。

発達障害のある子どもを育てている保護者のかたは、「勉強が苦手な子に無理やり勉強させせないといけないなんて……。子どももつらいし、私もつらい」と思う瞬間があるかもしれません。しかし、**勉強は生きていくために必要なメタ認知を鍛えるために最適なツールだと捉えることもできるのです。**

困ったときに「助けて」が言えるようになるために

メタ認知能力は、大人になってからもずっと、それこそ一生使える武器です。メタ認知能力をうまく使えると、今から自分が何をしようとしているのかがわかり、それを「どういう段取りでやったら、どれくらいの成果が得られるか」という見通しを立てられるようになります。そうすると、早めに協力者を頼んだり、他者からのダブルチェックを受けたりすることで、ミスを最小限に抑えられるようになります。

一人でうまくいかないことをやり続けるよりも、周りの人に助けてもらったほうがうまくいく可能性は高いですよね。なので、自分が困っていることを特定して、「困っているからちょっと助けて。ちょっと教えて」と言えるようになっておくことは本当に大切です。

特に発達障害のある子どもは、日々の生活の中で困難を感じる場面がたくさんあります。自分の特性をどのように人に伝えていくか、どのように助けてもらうかは、保護者の元にいる子どもの間にこそ練習しておいたほうがいいと私は考えています。

私の教室に中学生の頃からずっと通っていて、今は社会人になっているある生徒は、もともと非常に不安を感じやすい子でした。「何が起きるかわからない」ことが不安で、いつも心配事を抱えていました。

彼とは勉強はもちろんのこと、友達関係やアルバイト先でのトラブル、不満や不安が湧いた場面において、次の点を確認しながら彼自身のメタ認知をサポートしていきました。

- **どう感じたのか**
- **どういう行動をとったのか**
- **それは状況やタイミングに合っていたのか**
- **一般的にいいとされる行動とどのくらい近かったか、違っていたか**

（独自の解釈や独自の対処だと、周囲に伝わっていない可能性があるので）

そうするうちに、少しずつ彼自身が不安に感じることと体調（特に睡眠と疲れ）が関連していること、心配事は早めに身近な信頼できる人に相談して対策を考えれば対応できることがわかってきました。

今では、不安を感じたらそれを認知して、早めに休んだり、心配事は早めに上司に相談して指示を仰ぐという対策をして乗り切っています。彼は現在、医療従事者として働いていますが、彼の不安に対する普段の対処法は、コロナ禍という不安が増幅する状況でのリスクマネジメントとして、周囲の人にも歓迎されたようです。

メタ認知を働かせるためのステップ

すでに勉強を通じてメタ認知が働くチャンスをつくれることはお伝えしましたが、日常の中でもそのチャンスをふやすことができます。メタ認知を働かせるために必要なステップは次の2つです。

❶ネガティブな感情を言葉にして人とつながる

❷自分で選んで自分で決める

まず、❶に取り組みます。ネガティブな感情の名前を子どもに教えてあげると、子ども自身が不安だったり、困っていたり、イライラしたりしたときに、自分で自分の感情を認識して言葉で表現できるようになります。

言葉で表現できると、人とつながって安心感を得られるので、心の戦闘モードが解除されます。すると、物事に過敏に反応する必要がなくなり、脳への負担が減って余裕が生まれ、メタ認知を働かせやすくなります。

❶の安心感を土台にして、❷の自己選択・自己決定の練習を積んでいきます。❷は、保護者にとってちょっと覚悟がいることかもしれません。一時的に子どもが荒れることを受け入れる勇気が必要だからです。

ただ、❶で周囲の人と言葉で気持ちを共有することができていれば、比較的穏やかに進むと思います。どちらも相互作用でさらに育っていきます。

次の項目から、それぞれの詳細についてお伝えしていきましょう。

ステップ❶
ネガティブな感情を言葉にして人とつながる

ネガティブな感情は、脳のエネルギーをたくさん使います。それによって、ますます余裕がなくなり、本来やるべきことがうまくできなくなってしまうのです。

そもそもあまり容量の大きくないパソコンなのに、ネガティブな感情がたくさん容量を使ってしまい、本来やるべきことに使える容量が足りない、スムーズに動かない、そんなイメージです。脳への不必要な負担を減らすには、ネガティブな感情の使用容量を減らし、本来やるべきことに使うための容量を確保する必要があります。

では、ネガティブな感情はどうしたら使用容量を減らすことができるのでしょうか。

それは、**「自分はひとりぼっちではない」「困ることがあっても助けてもらえる」と心の根底の部分でわかっている、信じている状態になることです**。そうすると、自分を肯定的に見ることができ、脳に余裕ができるので、物事に主体的に関わったり、自信をつけたりすることができます。

感情の名前を知って、自分の感情に気づく

発達障害のある子どもは、自分が感じていることを言葉にするのが苦手です。困っているのに伝える方法がなくて、暴力や暴言で表現する子も少なくありません。メタ認知能力をうまく使えないため、自分に何が起きているのか認識しづらいことも影響しているのでしょう。

メタ認知を働かせる取り組みとして、まずは「自分が感じていることに気づく」必要があります。そのために、保護者の皆さんに取り組んでほしいことの一つが「子どもに感情の名前を教える」ことです。

子どもにポジティブな感情の名前を教える人は多いと思います。具体的には「うれしいね」「楽しいね」「幸せだね」「安心するね」などです。それと同じように、**「悲しいね」「悔しいね」「嫌だったね」「イライラしちゃうね」「腹が立つね」「うらやましいね」といったネガティブな感情についても教えてあげてほしいのです。**

臨床心理士・公認心理師の大河原美以先生は、著書の中で次のように書いています。

うれしい、楽しい、などのポジティヴな感情が社会化されるということは、いまも昔もごく自然に行われてきていることだと思います。子育ての中での無意識の相互作用によって、子どものポジティヴな感情は、自然に社会化のプロセスをたどるようです。

ところが、怒っている、悲しい、さみしい、不安だ、憎たらしい、などのネガティヴな感情については、感情の社会化のプロセスを自然にたどることが困難になっているのです。

『ちゃんと泣ける子に育てよう　親には子どもの感情を育てる義務がある』
大河原美似（河出書房新社）より

ポジティブな感情というのは、放っておいても人と共有（社会化）されやすい。逆に、ネガティブな感情はそのままにしておくと、人と共有できない。言葉にしないかぎり、自分の内側にとどまり続けてしまうのです。

そのため、**ポジティブな感情よりもネガティブな感情を言葉にするサポートのほうが、生きる力を育てるために重要だといえます。**

ネガティブな感情を共有する＝人とつながる

子どもには、今感じているネガティブな気持ちと体の不快感が収まるまで、保護者と一緒に安心して待つという体験が必要です。子どもが小さいときは、その場にしばらくいる、背中をトントンする・さする、ハグするなど、安心感が得られるスキンシップをしてあげると、ネガティブな感情を処理することができるようになります。

ネガティブな状態を「寂しいんだ」「悲しいよ」という言葉を使って誰かと共有することができると、わかってもらえた、受け入れてもらえた、自分はここにいていいんだ、と安心できます。これが「人とつながる」ということです。

ネガティブな感情は役に立たないいらないもの、ないほうがいいものと思われるかもしれませんが、自分にとっての「安心」や「安全」がおびやかされているというアラームの役割をもっています。とても難しいことですが、ぜひ意識して、ネガティブな感情を通じて子どもとつながってみてください。

しかし、子どもがネガティブな感情をもっているときは、つながるのを拒否されていると感じるかもしれません。なぜなら、ネガティブな感情をもっているときは、人を遠ざけてしまうからです。それ以上傷つきたくないからかもしれません。自分のことをうまく表現できないからかもしれません。自分はひとりぼっちだと感じます。しかし、**本当は人とつながりたいのです。ひとりになりたくないし、寂しい。だけど、それをうまく言葉にできない。**そのため、「あっち行って！」と感情とは違う言葉を言ってしまったり、暴力で表現したりしてしまいます。子どもの「困った」言動の裏には、言葉にできない寂しさが隠れているのです。

湧いてくるどんな感情にも許可を与える

子ども自身が自分の中にある感情に気づいて、それを言葉にして他人に伝える。これを続けていると、自分の中にあるネガティブな感情にも「気づいてもいいんだ！」ということがわかってきます。

子どもだけでなく、もちろん発達障害の有無も関係なく、さらには大人の皆さんも、**自分の傷ついた気持ち、悲しい気持ちをなかったことにして、毎日一生懸命生きている人が本当に多いと感じます。**まず、自分の感情に気づく。そこからです。

心の中は自由です。湧いてくる感情に、いいも悪いもありません。子どもの中に湧

いてくるどんな感情にも「ここにいていいんだよ」「感じていいんだよ」と許可を与える。この意識をもつことが大切です。

ただ、社会生活を送っていくうえで、その出し方は工夫しないといけません。メタ認知能力が育ち、湧いてくる感情を子ども自身がつかまえられるようになれば、感情の出し方も検討できるようになります。

ネガティブな感情を言葉で表現し、人とつながれるようになると、子どもは安心することができます。この安心感があると、すぐにいいことがあるわけではありませんが、将来への貯金となる活動ができるようになります。まさに、この本のテーマである勉強にも取り組みやすくなります。

column 7

子どものネガティブな感情を受け止められないとき

子どもがネガティブな感情を暴力や暴言、無視といった好ましくない形で表現したとき、大人は受け入れられないことがほとんどです。**相手は子どもなのに、大人と同じように我慢したり、人と協力したりしてほしいと心の中でひそかに願っています（しかも、そのことに大人自身が気づいていません）**。そのため、大人が子どもの中に渦巻いているネガティブ感情を認めてあげることができず、できるだけ見ないようにして、なかったことにしてしまうことがあります。

また、大人自身も自分のネガティブな感情を受け止めてもらった経験が少なくて、子どものネガティブな感情を受け止められないことがあります。

子育てという、自分より弱いものを守り育てていかなければならない状況、どうすることもできない逃げ場のない状況で、自身の子どもの頃の感情が出てきてしまうのです。今まで見ないようにしてきた子どもの頃に負った心の傷、悲しかったけど1人で歯を食いしばってがんばってきた日々が、目の前の子どもを通して急に迫ってくるような感じです。すると、したくもないのに子どもを無視してしまったり、怒りが湧いてしまったりすることがあります。

子どもに「嫌だったね」「悲しかったね」「つらかったね」と話しかけることはできなくても、ただそばにいて気持ちが収まるのを一緒に待つ。そうすることで、子どもだけでなく、過去の自分自身も癒やされていくことがあります。

ステップ❷
自分で選んで自分で決める

発達障害がある子のメタ認知を働かせるためには、まずステップ❶の「ネガティブな感情を言葉にして人とつながる」ことが大切です。それによって安心感をもてるようになると、戦闘モードが解けてメタ認知をうまく働かせる素地ができます。

次に必要になってくるのが、自己選択・自己決定です。つまり、「自分で選ぶ」「自分で決める」です。これができるようになると、**いろいろなことが「自分事」になります。自分で選んで決めると自信がつくし、結果にも責任がもてるようになります。**

自己選択・自己決定をしていると、子どもが自分の力でメタ認知をさらに働かせることができるようになります。そうすると、自分のことをコントロールする力がついたり、自分の気持ちを人に伝えられるようになったり、考えを作文に書いたりできるようになるのです。勉強にも取り組みやすくなるでしょう。

メタ認知能力が高まり、実際の生活に役立つようになるのは、小学校高学年から中学校にかけてのようです。発達障害がある子だと、もっと先かもしれません。大脳新皮質が20代半ばまで成長し続けることを考えたら、成人するまでメタ認知能力を実際に使えるような関わりを続けたいものです。

なかでも自己選択・自己決定は、小さいうちから練習することができ、メタ認知能力を使う助けになってくれるので、積極的に取り入れることをおすすめします。

「子どもに決めさせるとあとが大変」を乗り越える覚悟

子ども自身が失敗したことを気にするタイプだと、失敗を引きずったり、暴れて手に負えなかったりするので、「失敗させるのはよくない」「失敗したらあとが大変だ」と保護者のほうが学習します。そして、なるべく失敗させないように、探り探り子育てをするようになります。すると、子どもが自分で選ぶ（自己選択）、自分で決める（自己決定）場面が必然的になくなってしまいます。

確かに、そういう子の場合、自己選択・自己決定をさせないほうが平和です。大変だとわかっているのにお願いするのは心苦しいのですが、それでもできるかぎり自己選択と自己決定の練習をさせてあげてほしいのです。
なぜなら、**人は自分で決めたことのほうが、よりがんばろうと思えるからです。**

人間には有能な人間になりたい、いろいろなことをうまくやりたいという欲求があります。自分で決めたことを実際に行動に移し、それがうまくいくことで、「自分をうまく動かせた！　コントロールできた！」という自己コントロール感が生まれます。逆に、手先が不器用だったり、衝動性が高くてじっとしていられなかったりして自己コントロール感をもてないでいると、いつも受け身でやる気のない人間になってしまいます。

自分で決めたことをやってみる、お試し期間をとって検証してみる。すると、子どもがメタ認知能力を使うチャンスになるし、その検証によって「こうやって試して修正していけばいいのか！」と、子ども自身がメタ認知の使い方を学ぶことができます。

保護者の皆さんは、子どもに主体的に考え、動いてほしいと思っているはずです。それならば、子ども自身が自己選択・自己決定できるよう、そして小さく試して修正していけるよう、ぜひサポートしてあげてください。

メタ認知能力は小さなやりとりの積み重ねで育つ

メタ認知能力は小さい頃から徐々に育っていくものですし、自己選択・自己決定はいつから練習し始めても手遅れではありません。「○○くんはどう考えた？」「○○ちゃんの感じたことを教えて」と話を振るだけでもいいのです。子どもがとっぴなことを言ったとしても、否定せずに、「へぇ、そう思ったんだね」でいいわけです。

質問というのは相手の返事がなくても、相手が「考え始めた」ところで成功です。**自分の考えや思い、想像を自分の言葉で口にする、アウトプットするという一連の作業をくり返して、子どもはメタ認知能力の使い方がわかってきます。**

発達障害のある子は、自分の想像だけで納得したり、自己都合で考えたりして、相手に確かめなかったり、周りの人を参照する力が弱かったりします。自分の考えを言葉にし、それが認められる。この作業を積み重ねるためにも、ぜひ質問をしてアウトプットを促してみてください。

大人は、子どもの発言をすぐ軌道修正しようとします。正しくないことは修正しな

いといけないと思っているからです。けれど、感じ方は自由。**「感じたことは、すべてそのままでOK」という大人の気持ちが子どもに伝わるようになると、かんしゃくや暴力、イライラ、物を壊すといった、社会的に容認されにくい方法で表現することが減っていきます。**言葉で伝えるほうが誤解がないし、スムーズだからです。

子どもが言葉で伝えてくれたら、「教えてくれてありがとう！」「教えてくれたからわかった。思い込みで決めつけないですんだよ」と伝えます。こういうやりとりを何度も何度もしていきます。何度も何度もくり返したことが、その子の中で積み上がっていくイメージです。

困っているのは子ども？ それともあなた自身？

保護者のかたのお話を聞いていて気になるのが、「（このままでは勉強が）わからなくなって困りますよね」「（○○ができないままだと）嫌な思いをするかもしれないから」「そのうち困るはずだから、今なんとかしたくて」というような言葉です。

何が気になるかというと、**子どもが「わからなくなる」「嫌な思いをする」「困る」と思っている、**と言っているものの、**本来の主語は、子どもではなく全部保護者自身だということです。**「それ、本人に聞いたんですか？」と聞くと、たいてい「いえ、聞いてはいないんですけど……」と言われます。つまり、全部想像だということです。

子どもが困る権利を奪ってはいけない

「想像」と「事実」を分けること。「自分のこと」と「子どものこと」を分けること。ここが大切です。心理学者のアドラーは、これを「課題の分離」と言いました。「想像」と「事実」、「保護者自身の考え」と「子どもの考え」が分かれていないと、保護者が子どもの世界にどんどん侵入してしまうことになります。そうすると、子どもは自立しにくくなってしまうのです。

子どもは保護者の所有物ではありません。子どもはその子自身のものであり、社会の財産です。子どもを自分のものとして考えてしまうと、全部管理して、全部知ったつもりになって、本人ではなくかわりに保護者が困ることになります。

よく、「子どもが何度言っても忘れ物をするので、全部準備して、朝は玄関で点検するんです」という話を聞きます。

しかし、忘れ物をしないように準備してあげるのではなく、準備の仕方をわかりやすく教えてあげることもできます。失敗したあとどうすればいいか、一緒に考えることもできます。

「失敗すると泣きわめくから学校で迷惑かけたくない」。その気持ちもわかります。けれど、このままでは「自分は何もしなくても準備は進むもの」と、子どもが学習してしまいます。そして、忘れ物をしてしまったら、「お母さんがちゃんとやってくれないからこうなったんだ！」となります。

忘れ物をしないようにかわりに準備してあげることよりも、忘れ物をしてもリカバーできることを教えてあげるほうが、その子がこれから生きていくための役に立ちます。どんなに子どものうちはかわいくてかまってもらえる存在でも、そのうちみんなおじさん・おばさんになります。そうなったときに、その子の人生の責任は誰がとるのでしょうか。

子どもが感じるより前に、子どもが感じている以上に心配したり、困ったり、先手を打ったりするのはやめましょう。子ども自身が困っていることを実感すること、そして子ども自身に困難を乗り越えるチャンスを与えることが大切です。

「はい！　○○ちゃんのほしがってた金メダル、お母さんが取ってきてあげたわよ」と言われて喜ぶオリンピック選手がいるでしょうか？　いないと思いますし、そもそもそんな人はオリンピック選手になれませんね。

子どもが保護者の元にいるうちにできること

発達障害のある子どもは、子ども自身が自分の特性を理解し、社会で必要とされていることと自分が対応できることとのギャップを知って、どうしていくかを大人と一緒に考えていくことが大切です。

子どもが「周りが〇〇してくれない！」と言ったら、「そうだね。気づかなくてごめんね」ではなく、「〇〇してほしいって思ったんだね。周りの人は意地悪でしてあげないいんじゃないよ。頭の中で思っただけでは伝わらないから、わからなくてしてあげられないいんだよ。やってもらいやすい頼み方を考えて練習してみようか」と伝えるのです。

発達障害のある子を育てるということは、これくらい説明が必要だということです。子どもが保護者の元にいるうちに、安心して困ることや困難に遭うことができるよう、保護者ができることは次の4つです。

- **味方でいる**
- **対応策を一緒に考える**
- **話をよく聞く**
- **ネガティブな感情を受け止める**

自分の先回り、手出し・口出しが、子どもの生きる力を邪魔しているかもしれない。そう考える視点をもってみましょう。

失敗する権利を取り上げず、子どもが保護者の元にいる間に、なるべくたくさん失敗させてあげる勇気をもってください。**年齢が低くても、高くても、自分が感じるべきフラストレーションを子ども自身に与えるのも保護者の大切な役割です**。そのためにも、今日から子どものことで何か心配なできた事が思い浮かんだら「……と私が思った」と最後につけてみてください。「自分の考え」と「事実」を分けると、人生の見え方が変わりますよ。

人間を育てるという壮大な仕事

子どもを育てるということは、放っておかれては生きていけない小さな命を守りながら、ゆっくりじっくり時間をかけて、子どもが自分の力で立って歩き、言葉で自分の思いや考えを伝え、周囲の人と意思疎通を図り、他者や社会に貢献できる存在にまで変化していくのを、手を替え品を替え手伝っていくということです。

ましてや発達障害のある子どもを育てるとなると、今までの人生で考えたことのないことを考えたり、対応したり、練習したり、想像以上の「はじめて」の連続です。一筋縄ではいかないし、ものすごく難しい挑戦です。発達障害のある子どもを育てる中で自分自身の生きづらさに気づいて、「自分も本当はそうしてほしかった」と、さめざめと涙を流す保護者のかたもいらっしゃいます。

今目の前にいる子どもを見てください。学校に行き、勉強に取り組もうとしている。あなたも、あなたのお子さんも、本当にすごいことを現在進行形でやっているのです。

しかも、あなたはこの本を読んで、さらに自分を成長させようとしている。変えられることがあるなら変えようという勇気ももっている。それだけで本当にすごいことなのです。

「よくがんばっているね」「えらいよ」。まずはご自身にそう言葉をかけて、ねぎらってあげてください。そして、この本の中から1つでもいいので、自分ができそうなことを試してみてください。そして、目の前にいる子どもを丁寧に観察して、サポートしてあげてください。

すると、「うちの子にこんなところがあるなんて！」と、子どものもつ力、成長する力に驚きと感動を覚える瞬間が、きっと来るはずです。同時に、「私ってこんなふうに子どものことを見られるんだ！」という驚きも感じられると思います。

発達障害のある子どもの子育ては、保護者も「うまくいった」という成功体験が少なくなりがちです。試して、うまくいった。うまくいかなくても、うまくいかないことがわかった。それをくり返すことで、あなたにも勇気と自信が少しずつ湧いてくるはずです。

column 8

学習サポートは甘やかしているわけではない

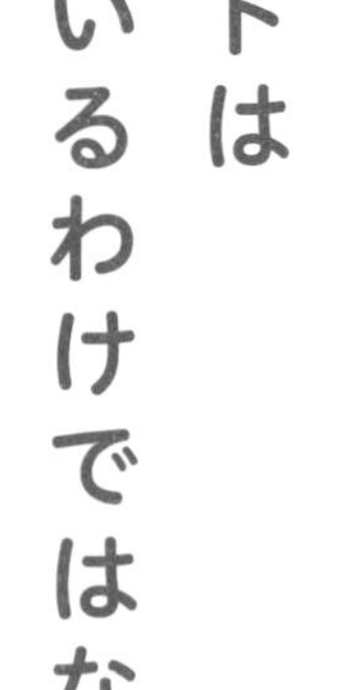

ここまで読んできて、もしかしたら、「勉強はつきっきりであれこれやりすぎじゃないの？というくらいサポートするのに、『保護者は子どもに手出し・口出ししない！』とも書いてあって、いったいどうしたらいいの？」と迷われているかたもいるかもしれません。**基本的に、勉強面は、なるべく勉強だけに集中できるようにほかの要素を取り払ったり、段階を踏んだりして手伝うようにします。生活面は、もちろん段階を踏んで手伝いますが、なるべく自分でできるように手出し・口出しをこらえます。**

勉強は、ただ計算をする、ただ漢字を覚えるだけでも脳のエネルギーをかなり使います。それにもかかわらず、紙をちゃんと押さえる、力を入れる、線からはみ出さないようにする、周りの音に反応しないようにする、文字を読んで理解する、丁寧に読める字で書く、ちゃんと座る、終わるまで立たないなど、ほかにも気をつけることがたくさんあります。発達障害のある子どもは、それをコントロールすることにもさらにたくさんのエネルギーを使います。そうすると、そもそもの目的である「計算する」「漢字を書く」に集中するのが難しくなってしまうのです。

それに比べて、靴をそろえる、自分の持ち物を自分で持つ、自分の物に自分で名前を書く、自分がどうしたいか決定するといった生活まわりのことは、同時進行でやらないといけないことが少ないですよね。それだけをやればいいので、手出し・口出しせずに様子を見ます。

学習サポートは、甘やかしているわけでも、過保護にしているわけでもなく、勉強に集中できる環境の調整をしているのです。ただ、学習サポートをする際は、子どもの成長を見て少しずつ手を離していくことを念頭に置いておきます。子どもに「○○しようか？」と許可をとることで、サポートの必要がなくなれば、子どものほうから「もうしなくていいよ」とか「今日はなくていいよ」と言ってきます。そう言われたら速やかにやめます。何がサポートになるかは大人のほうが決めるのではなく、子どもに聞いてみる、教えてもらう、子どもが決めるという形にして、段階的に手放していきましょう。

おわりに

私の教室に通っている生徒は、半数がなんらかの発達障害があると医師から診断されています。もう半数ははっきりと診断されてはいないものの、気になることがあったり、不登校だったりします。

彼らと勉強を通じて関わっていると、大きな転換点となるのが義務教育から離れる高校進学のタイミングです。私の教室に来る発達障害のある子どもたちの多くが普通科広域通信制の高校を選びます。学校が始まる時間が遅い、1クラスの人数が少ない、科目外の学びたいことがある、などが主な理由です。また、受験の負担が少ないことも選択の理由として挙げられます。

そんな中、だいち（仮名）くんは、全日制の高校を選択肢に入れていました。だいちくんは小学校・中学校の特別支援学級で勉強をコツコツがんばっていたので、小学校で学んだ範囲と中学校1年生の国語・英語・数学は問題を解けるレベルでした。しかし、全日制普通科の受験に対応するにはカリキュラムを進め、さらに基本的な問題に対応する練習を積み、学力をもう少し引き上げる必要がありました。

私とのセッションの間に考え方、解き方を理解し、自宅でプリントを使って練習するという努力を続けて、いざ受験。ドキドキして眠れなくなるような日々を過ごしましたが、無事合格して普通科全日制の高校に進みました。

だいちくんが高校に入って、最初のテストが終わった頃、「思ったよりできた！受験をがんばってよかった。諦めなくてよかった」と報告してくれました。それらの言葉のあとに、だいちくんがこう言いました。「やっと普通になれた気がする」。この言葉を聞いて、私はなんとも言えない気持ちになりました。ずっとそういう思いを抱えていたんですね。

どんなに本人が納得していても、周りの大人がどんなに「そのままでいいんだよ」とメッセージを送っていても、だいちくんにとっては自分はどこか普通じゃない子だったということでしょう。社会をつくっている大人の一人として、とても責任を感じた言葉でした。

私は基本的に発達障害のある子と定型発達といわれる子を区別して指導しません。その子にとっての生きづらさは、発達障害の有無に関係なく存在するからです。その子のもつ力をうまく使い、環境を調整しながら日常生活をサバイブすることは、発達障害があろうがなかろうが、誰にとっても難しいものです。

20年以上子どもたちと関わる仕事をしてきて思うのは、普通の子とそうではない子がいるわけではないということです。もともと一人ひとりいろいろな違いがあって、それぞれが練習したり、知識を得たりして、社会と折り合えるところまで自分を変化させていく。それが成長であり、教育が担う部分でもあると思っています。ですから、私たちが「普通」と感じるのは「たまたま多く接したことのあるパターン」でしかないのかもしれません。

私は全人類、誰でも何かしらの偏りをもっている、と考えています。そして、日々子どもたちと接しながら、その偏りと社会とがうまく折り合う損益分岐点のようなポイントを一緒に見つけようとしています。

発達障害のある子にとって、そして彼らを育てる保護者の皆さんにとって、社会とうまく折り合う点を見つけるのは、とても難しい挑戦です。ときにその挑戦にくじけ、立ち上がる力がどうしても湧いてこないときもあるでしょう。猛スピードで変化する社会の中で、わが子がポツンと置いていかれてしまうのではないかと、不安でしかたなくなるときもあるでしょう。

私は週に1回1時間、短期集中で子どもたちと接していますが、彼らが自宅で保護者のかたと接するのは、私の何倍も長い時間です。だからこそ、この本に書いてある内容への取り組みは、薄く、ゆるくでいいのです。

発達障害のある子には、なるべくたくさんの「これでいいんだよ」「ＯＫだよ」の基準を教えてあげてください。それは、宿題中の「そうそう」だったり「今、集中してたね」という言葉だったりします。それらの言葉によって、子どもたちは「今のやり方でいいんだ！」「こうしたらいいんだ」とＯＫの基準がわかります。そのチャンスを毎日の宿題や学習に向かう中で、たくさんつくってみてください。

この本は、これまで私を信じて子どもたちを預けてくださった保護者の皆さん、約20人から始まった「お母さんのための心理学講座」の受講生の皆さん、これまで私を支えてくださった先生がたや家族、友達に恩返しをしたいという思いが形になったものです。受講生の皆さん、本当に感謝しています。引き続きよろしくお願いします。

植木希恵

学習が進みやすくなる！

おすすめグッズ＆文具カタログ

私が実際に教室で子どもたちと使っている
おすすめのグッズや文具をご紹介します。

体が鍛えられて集中力もアップ

バランスディスク

適度なグラグラ感で集中できる

本来は体幹を鍛えることが目的の運動器具ですが、椅子にのせて座ったり、座ったときに足の下に置いたりすると集中できる子もいます。床で使うときは傷がつかないように、シートなどの上にのせてください。

タニタサイズ バランスクッション／タニタ

表はつるっと
裏はボコボコ

学習サポートの必須道具

タイマー

「あと何分」がパッと見てわかる！

残り時間がフィルムの面積で表示されるタイマーを使うと、時計では時間感覚をつかみにくい子どもでもイメージしやすくなります。小さい子でもつまみをくるっと回して自分でセットできます。

トキ・サポ 時っ感タイマー／ソニック

目に入るものが
気になりがちな子に

パーティション

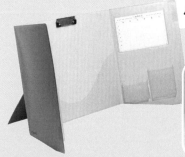

自分だけのスペースで集中できる

周りの動きや物が目に入って気になる子は、こちらを目の前に立てて勉強すると、視覚情報が制限されて集中しやすくなります。クリップにプリントなどの教材を挟むこともできます。

リビガク 集中できる勉強ブース／ソニック

脳に負担をかけない
ポイントが満載

定規

目盛りが見やすい黒い定規

黒い定規は目盛りが読みやすいのでおすすめです。片側の面は、端から「0」が始まるので、物の高さや深さを測りやすく、余分なスペースがないので、目盛りを読むときに迷いません。

カラー定規（16㎝）／クツワ

右端が「0」の面は
左ききでも
使いやすい

シンプルなデザインの中に使いやすさ満載！

0までの余分なスペースがなく、裏面も同じように目盛りがついていて表裏を考える必要がありません。目盛りも読みやすく、子どもの負担が減る要素が満載！

両面目盛の定規（15㎝）／無印良品

リコーダーが
うまく吹けない子の救世主

リコーダー補助具

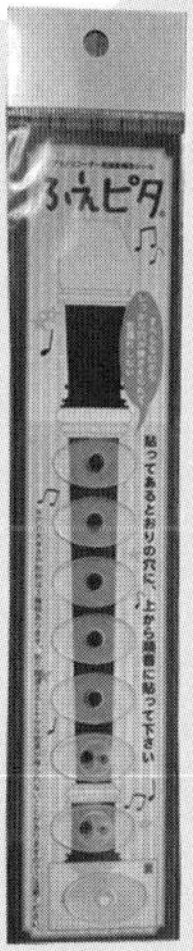

不器用さがある子も穴をしっかりふさげる

リコーダーの穴をうまくふさげず、変な音が出て困っている子どもは意外と多くいます。こちらをリコーダーの穴にぴったり貼ると、指が滑らずきちんと穴をふさげます。

ふえピタ／アイディア・パーク

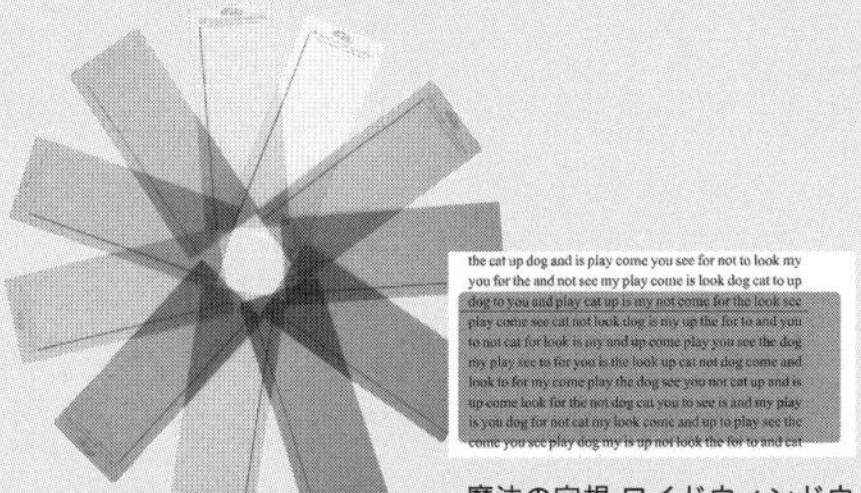

魔法の定規 ワイドウィンドウ
／CROSSBOW JAPAN

見やすい色を選べる11色セット

定規などを移動させてガイドにするのが難しい子におすすめ。11色セットになっているので、自分にとって見やすい色を選んだり、2～3枚重ねて光の波長を調整したりすることができます。

読みにくさがある場合は
持っていると便利

リーディングルーラー

カラーバールーペ（21㎝）／共栄プラスチック

ライン上の文字が大きくなって読みやすい

色が入っているライン上の文字が大きく見えるので、どこを見ればいいかわかりやすく、文章を読むときの負担が減ります。ペンケースに入る15㎝サイズもあります。

字を書くときのイライラが激減！

シャープペンシル

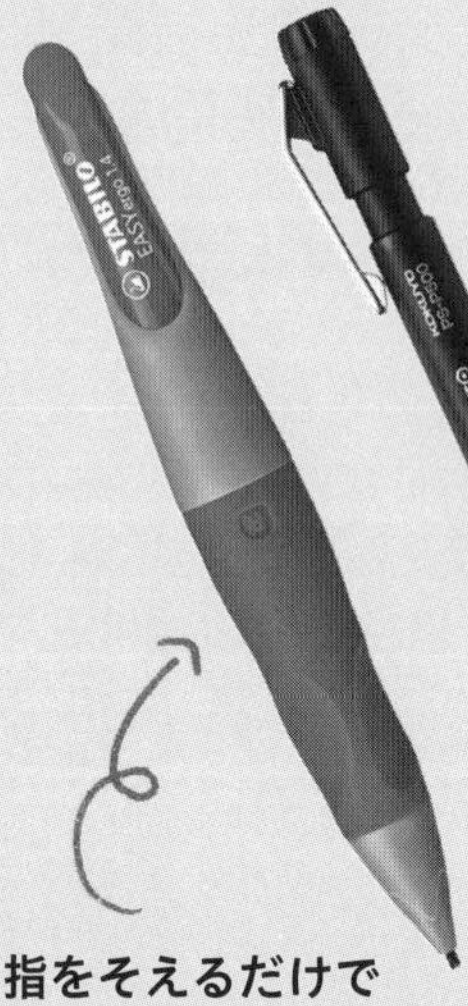

適度な重みがあって字が上手に書ける

軸が太くて重みがあり、高学年の子に人気です。太めの消しゴムがついているので消しゴムをいちいち探す必要がなく、ADHD傾向の子がよく使っています。

鉛筆シャープ TypeMx（0.9㎜）／コクヨ

指をそえるだけで正しい持ち方ができる！

持ち手部分のくぼみに指をそえるだけで正しい持ち方ができます。軸が太め、芯が太くて折れづらいです。カラフルな色合いで、低学年の子がよく使っています。左きき用もあり。

イージーエルゴ（1.4㎜）／スタビロ

＼消しゴムが くり出せる！／

消しゴムをなくしがちなうっかりさんにぴったり

くり出し式のしっかり消せる消しゴムがついているので、消しゴムをなくしがちな子にぴったり。軸が太くて持ちやすく、書きながら自分の書いている字が見えやすいのが人気の秘密。

タフ（0.9㎜）／ぺんてる

軽さがあったほうが書きやすい子におすすめ

軽いシャープペンシルが好きな中学年以上の子に人気。持ちやすく、手が疲れにくいです。芯が詰まりにくく、値段がお手頃なのもうれしいポイント。

プレスマン（0.9㎜）／プラチナ万年筆

手先が不器用な子でも簡単に円が書ける

コンパス

円の書きやすさがピカイチ！

コンパスを使うのが苦手な子どもはたくさんいます。こちらのコンパスは、にぎって・くるんと・まわすだけ。手先の不器用さがある子におすすめです。

スーパーコンパス くるんパス／ソニック

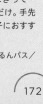

メタ認知を働かせるのに最適！

アナログゲーム

お買い物をしながら楽しく計算

最後にお金の計算をするので、自然と計算に親しむことができます。手に入れたお菓子やおもちゃによって得点が違うので、かけ算や足し算が苦手な子どもでも一生懸命計算してくれます。

夜店でおかいものすごろく／アーテック

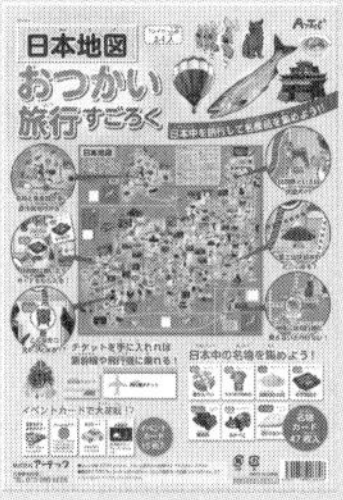

都道府県と名物を自然と覚えられる！

都道府県の名前と位置、名産品を遊びながら覚えられます。目的地までの行き方がいくつかあり、どの行き方が最短ルートかを考えるときにメタ認知を働かせる練習ができます。

日本地図おつかい旅行すごろく／アーテック

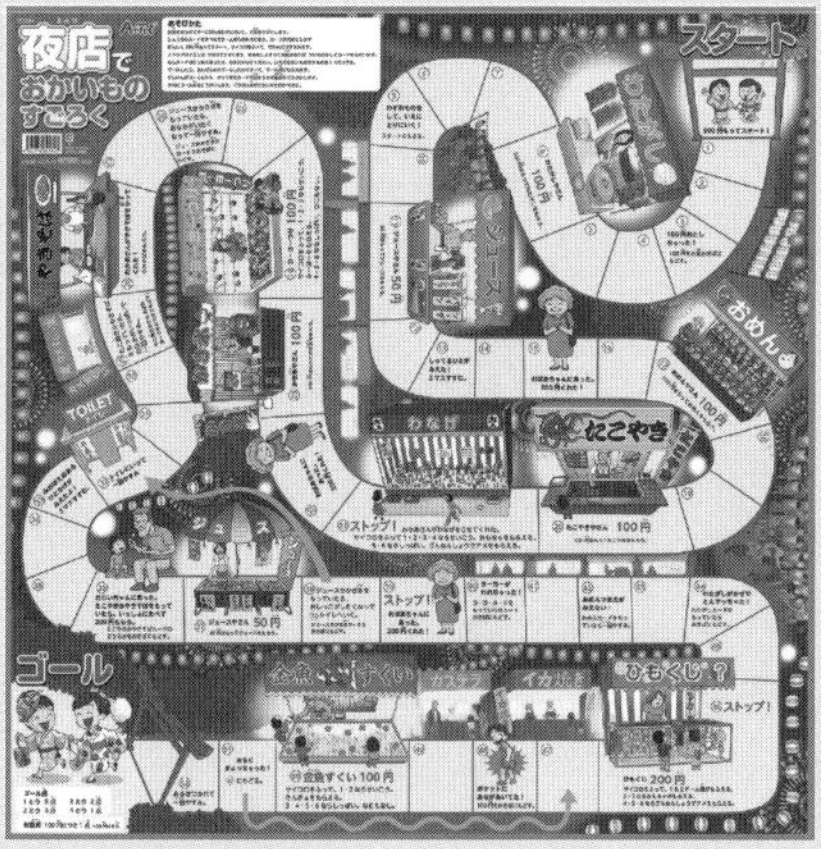

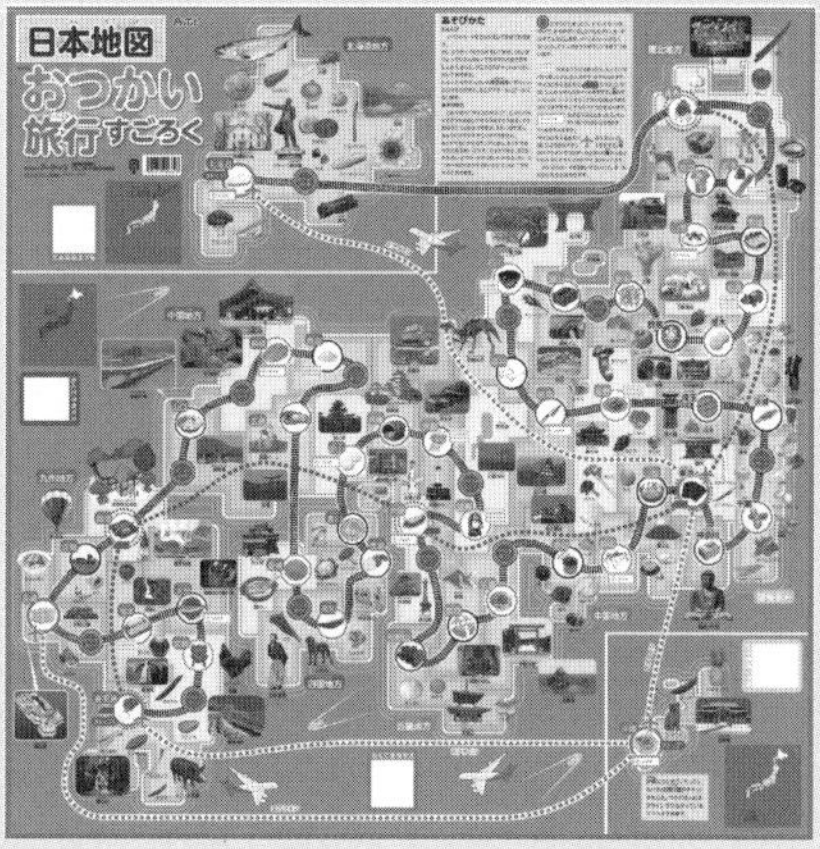

シンプルなルールながらメタ認知が鍛えられる

赤い車を駐車場から脱出させるゲーム。2手、3手先を考える必要があり、先を見通すのが苦手な子が、遊びながらメタ認知を働かせる練習ができます。

ラッシュアワー／キャストジャパン

参考文献

『発達障害児の思春期と二次障害予防のシナリオ』小栗正幸（ぎょうせい）

『10秒で治る！ 子どものねこ背のばし』小林篤史（かんき出版）

『大人のADHDワークブック』ラッセル・A・バークレー、クリスティン・M・ベントン【共著】、山藤奈穂子【訳】（星和書店）

『親子アスペルガー ちょっと脳のタイプが違います』兼田絢未（合同出版）

『ライフオーガナイザーが知っておきたいCDの基礎知識』ジュディス・コールバーグ（一般社団法人日本ライフオーガナイザー協会）

『イラストでわかる DCDの子どものサポートガイド 不器用さのある子の「できた！」が増える134のヒントと45の知識』中井昭夫【編著】、若林秀昭【著】、春田大志【著】（合同出版）

『ちょっとしたことでうまくいく 発達障害の人が上手に働くための本』對馬陽一郎（翔泳社）

『メタ認知で〈学ぶ力〉を高める 認知心理学が解き明かす効果的学習法』三宮真智子（北大路書房）

『ちゃんと泣ける子に育てよう 親には子どもの感情を育てる義務がある』大河原美以（河出書房新社）

『はじめての家族療法 クライエントとその関係者を支援するすべての人へ』浅井信彦【編著】、松本健輔【著】、坂本真佐哉【監修】（北大路書房）

『解決のための面接技法 ソリューション・フォーカスト・アプローチの手引き』ピータ・ディヤング【著】、インスー・キム・バーグ【著】、桐田弘江【訳】、玉真慎子【訳】、住谷祐子【訳】（金剛出版）

『ケアする人も楽になる 認知行動療法入門BOOK1』伊東絵美（医学書院）

『「とっちゃまん」の読書感想文書き方ドリル2013』宮川俊彦（ディスカヴァー・トゥエンティワン）

著者紹介

不登校・発達障害専門個別学習指導
きらぼし学舎代表
公認心理師

植木希恵

カウンセリングルームに勤務後、中学校で講師として心理学の知識と経験を生かした授業を行う。その中で発達障害の子どもと接する機会がふえたため、「不登校・発達障害傾向の子ども専門家庭教師」として独立。2014年、広島市で「きらぼし学舎」を開業。「心理カウンセリング×学習」というスタイルで、集団指導が合わない子、学び方がわからない子、集中力が続かない子、勉強で傷ついてきた子が「わかる！」を実感できる指導を行っている。現在も多くの生徒、保護者とセッションを続けており、学習指導歴は20年を超える。子どもの学習サポートを行うと同時に、母親に子育ての視点を提供するオンライン講座「お母さんのための心理学講座」を開講中。受講生から「子どもの見方が変わった」「子どもへの接し方、言葉のかけ方が変わってきた」という報告がたくさん届いている。
Instagram：@kieueki

- **きらぼし学舎（学習サポート）**
  https://kiraboshigakusha.com/learning-support.html
- **お母さんのための心理学講座（オンライン講座）**
  https://kiraboshi.online/contents_101.html
- **きえはる心理学ラジオ（Podcast）**
  https://open.spotify.com/show/7yHcO9J0aD2Tmnhsx7NLKg

Staff

デザイン　藤塚尚子（etokumi）
イラスト　こやまもえ
DTP制作　鈴木庸子（主婦の友社）
編集協力　蓮見紗穂
編集担当　金澤友絵（主婦の友社）

発達障害《はったつしょうがい》&グレーゾーンの子《こ》の
「できた！」がふえる
おうち学習《がくしゅう》サポート大全《たいぜん》

2023年 8 月31日　第1刷発行
2024年10月10日　第5刷発行

著　者　植木希恵《うえききえ》
発行者　大宮敏靖
発行所　株式会社主婦の友社
〒141-0021
東京都品川区上大崎3-1-1 目黒セントラルスクエア
電話　03-5280-7537（内容・不良品等のお問い合わせ）
049-259-1236（販売）
印刷所　大日本印刷株式会社

Printed in Japan
ISBN978-4-07-454681-7